JN077751

上司いじめ

企業法務弁護士が教える
上司のための
ハラスメント対応法

ノースブルー総合法律事務所 代表弁護士
國安耕太

あさ出版

はじめに

職場で業務上「正当な指示」をしているにもかかわらず、部下（後輩）からこんなことを言われた経験はありませんか。


「そんなキツイ言い方ってパワハラ（パワーハラスメント）じゃないですか！　謝ってください。なんなら労基署（労働基準監督署）に行きますけどいいんですか」

「○○さんにも、もっと仕事をさせればいいじゃないですか！　大変な仕事ばかり私に押し付けないでください！　〝優秀だから〟とか口先だけで、ほめておけばいいとか思っていませんか？」

「えこひいきもいい加減にしてください。そんなに○○さんをかわいがるなら、自分が○○さんの仕事を代わってあげればいいじゃないですか」

「ひいきにしている、○○さんにお願いすればいいのでは?」

「これ、やる意味あります? 私じゃないといけないのですか?」

「自分ができていないことを、どうして他人に要求するんですか?」

「ちゃんと営業成績を出してから指示してくださいよ。自分より能力の低い人の指示には従いたくありません」

「こんなことも知らなくて、よく毎日仕事ができていますね。指示するだけで給料をもらえるなんて、ラクな仕事でいいなぁ」

「部署の成績が出ていないからって、どうして私ばっかり! 私に当たらないでください! もう、話しかけないで!」

「自分だって、さんざんパワハラを見て見ぬふりをして、なんなら容認するようなことまで言っていたじゃないですか! 同じことをされても何も言えないですよね?」


ほかにも、部下が自分の悪口を聞こえよがしに言う、たくさんの人の前で過去の仕事上の失敗をあげつらわれる、セクシャルハラスメント(以下/セクハラ)や横領をしているなどのウソのうわさを立てられる、指示を聞かないどころか仕事をしない、心当たりのない理由をでっちあげられて「あの人の下では働けないから、配置転換してほしい」と自分の上司に訴えられる、などなど——。

「こんなことが、あるのか⁉」と思われたでしょうか。

それとも、さまざまな経験を思い出し、今にも胃がキリキリと痛みだしそうでしょうか。

実は、今、このような「〝部下や後輩からの〟暴言」や「〝部下や後輩による〟いじめ・嫌がらせ」——**〝部下や後輩からの〟いわゆる「ハラスメント」に悩む方が増えているといいます。**

▼4年で3倍！　激増する部下・後輩から上司・先輩へのハラスメント

国が行った調査（図／7ページ）では、職場でハラスメントがあったと答えた人のうち、**部下から上司に対するハラスメント**（■）があったと答えた人は2016年の

2・6%（後輩から先輩も含む）から2020年の7・6%に、正社員以外（パート、派遣社員など）から正社員に対するもの（■）も1・7%から5・0%へとわずか**4年の間に両者ともほぼ3倍**に増加しています。

部下から上司へのハラスメントは、全体に占める割合は少ないかもしれません。ただ、なかには被害者が自殺に追い込まれるような痛ましいケースもあり、これだけ急増しているということは、表面化しない事象がたくさんあることが考えられ、**もはや無視できない問題になりつつある**といえます。

▼上司・先輩に対する不当な攻撃「上司いじめ」

2020年から「職場でのパワハラを防止する措置を講ずること」が、会社・組織に義務化されました。

かつてはそこまで問題視されなかったがゆえに、どんどんパワハラがエスカレートし、ここ二十年ほどで訴えが急増して表面化、さらには社会問題化までしていること

【図】部下から上司へのパワハラが激増

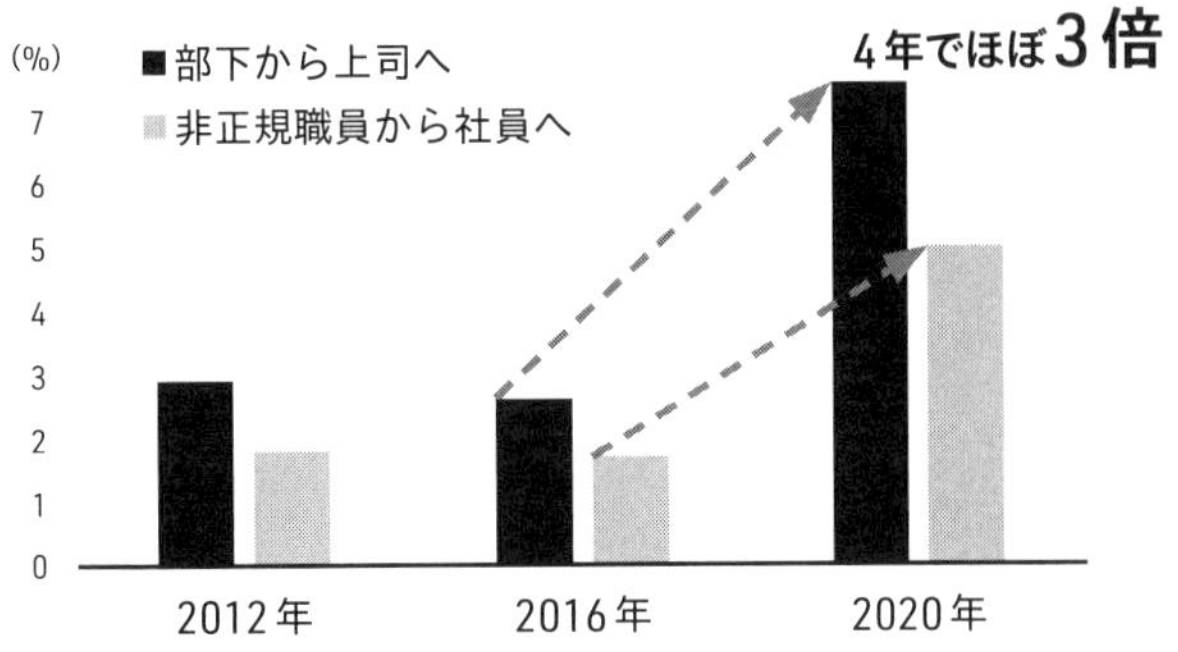

〔平成28年度、令和2年度 厚生労働省委託事業
職場のハラスメントに関する実態調査〕

がその背景にはあるでしょう。ただ、立場の強い人による「パワー」によるハラスメントなのに、部下から上司へもパワハラというの？　と思われたでしょうか。

これは本書の根幹にかかわることなので先にネタばらしをしますと、**部下（個人または集団）から上司に対する嫌がらせ・いじめもパワハラ（ハラスメント）に当たる**、とされています（詳細については1章にて）。

いわゆる「逆パワハラ」などといわれる行為ですが、ただ単に上司と部下が入れ替わったというだけにとどまらず、上司であるがゆえの深い苦悩をはらんでいること、またパワハラ以外のハラスメントをも含むという意味で、本書では部下や後輩による**上司や先輩に対する不当な攻撃**のことを**「上司いじめ」**と表現します。

▼一人で抱え込む必要はありません

そうはいっても、実際に「上司いじめ」の被害にあっている場合、どうすればいいのかわからない。困っている。

そういう方も、多くいらっしゃるかもしれません。

そこで、ちょっと視点を変えてみましょう。

たとえば、今、あなたは原因不明の身体の痛みを抱えているとします。病院に行くほどではないと思っていましたが、痛みはなくならないどころかひどくなる一方。悪いことばかりを想像して不安がつのります。

でも、ある日決心して病院に行き、原因がわかると、それだけで心が軽くなるではありませんか！

さらに適した治療を行えば、快方に向かうことも多いでしょう。

上司いじめも同じです。

日本人の気質なのか年齢が上がるにつれ、弱みを見せられない、誰かに頼るのは恥ずかしいことだと思い込み、相談することをためらう方が多いように思います。

ただ、身体に不調があれば病院に行くように、誰かに今の状況を打ち明けたり、相談することで頭が整理され、原因と解決方法がわかり、救われることは多々あります。

そもそも、

「上司いじめ」は、あなた一人で解決すべき問題ではありません。一人で抱え込む必要はないのです。

本書が「上司いじめ」による、あなたの心の痛みと不安を解消し、法律にのっとって状況を改善させる、次の一歩を踏み出す一助となれば幸いです。

はじめに

序章

まず知っておきたい「上司いじめ」対応の鉄則とは？

1章 上司いじめの代表格「パワハラ」具体的にはどんなことを指す？

2章
「上司いじめ」への適切な対処法がわかる！
労働者・使用者双方の義務と権利

3章 ケース・スタディでわかる！「上司いじめ」の法的根拠と対応法

4章
「上司いじめ」の報告があった際、会社側がすべきこと、できること

編集協力／金原聖子
玉置見帆

序章

まず知っておきたい
「上司いじめ」対応の
鉄則とは？

「上司いじめ」――「冷静さ」と「法律」が武器になる

暴言を受けたり、嫌がらせをされたりするのは、誰でもとてもショックで傷つくことです。

それが正当な指示や注意に対しての部下や後輩による行為――いわゆる「上司いじめ」ならばなおさら、頭が真っ白になって言葉を失うことも、逆に頭に「カーッ」と血がのぼり、売り言葉に買い言葉でひどい言葉をぶつけてしまうこともあるでしょう。

ただ、厳しいことを言ってしまうと、言葉を失うのはともかく、ひどい言葉を部下や後輩にぶつけ返してしまった場合、事実はどうであれ、あなたの立場がこれまで以上にますます悪くなってしまう可能性は、残念ながら否めません。

そんな窮地に陥らないためにも、「上司いじめ」にあってしまった場合の鉄則をお伝えします。

それは、

「まずは、落ち着いて冷静に対処する」

これに尽きます。

▼相手がわざと「怒らせよう」としている可能性もある

「暴言を吐かれたのに、毅然とした態度で、落ち着いて相手と対話しろと⁉」と思われたかもしれません。

その心の支えになるのが「法律」です。

自分の身を守るため、ある程度の法的な対策・対応をあらかじめ知っておけば、自分に不利になってしまう言動や暴挙へのストッパーとなるからです（※さらにいうと、「その手で来たか……」と、相手の手の内まで、わかるようになります）。

また、のちのち、我々のような法律の専門家に相談することになっても、ちょっとした法律知識があるのとないのとでは、大きく違ってきます。

ですから、法律という武器を胸に冷静に対処することは、何より大事なわけです。

▼心身を守ってくれる「基本的な法律の知識」

本書では、いくつかの典型的な上司いじめの場面を例に、相手との対話や対応の仕方を学ぶケース・スタディを設けています（3章）。そして、その際に根拠となる「法律の知識」を、1章と2章で解説するという構成になっています。

「法律」と聞くと、なんだか難しそう……と、怖気づいてしまう方もいらっしゃるかもしれませんが、安心してください。

職場の**ハラスメントに関する法律**や**法務**、**労務**に関してある程度知っておいたほうがいい基本的な知識を、かみ砕いて説明していきます。

ただ、それでも「法律の解説を読むのはちょっとしんどいかも」と思ったら、先に3章のケース・スタディに目を通すのもオススメです。というのも、ケース・スタディでは「何ページで説明した法律が根拠になっているのか」を明記しており、あとから拾い読みすることも、できるようになっているからです。

法律を理解することは、自分の心身を守ることにつながります。

すでに、社内でパワハラや労務管理の研修を受けている方も多いかもしれませんが、改めてお付き合いいただければと思います。

なぜ、「上司いじめ」は急増しているのか

ところで、なぜ最近、「上司いじめ」が増加しているのでしょうか。
考えられるのが以下のような要因です。

●労働形態や会社の組織構成が大きく変化し、上司⟷部下がフラットな関係に移行しつつあること
●パワハラなどのハラスメントが社会問題化するなかで、誤った定義が世の中に浸透し、部下は「(会社の中で)弱い立場であるから守られて当然」という権利意識がある一方、上司は部下に極端に気を遣い「叱れない」「注意できない」状況が生まれていること
●若者のITリテラシーやスキルが上がり、上司と部下の間で能力の逆転が起きや

すくなっていること

●部下が上司を評価できる人事評価制度等の導入により、部下が結託して気に入らない上司の評価を下げるなど、組織のルールを使った攻撃が可能になっていること

●職場内で起きた問題をＳＮＳなどで暴露・拡散されることを恐れ、会社の上層部などが事態を矮小化しようとする意識が働くこと

このように職場環境が大きく変化するなかで、上司たちは会社の経営陣からは厳しい目標を課され部下からは突き上げをくらうという、まさに板挟み状態に置かれているわけです。

▼「上司いじめ」にあうのは、あなたのせいでもあなたの責任でもありません！

冒頭のような部下や後輩による暴言や嫌がらせ、あるいは部下が指示を聞かないど

ころか仕事をしないなどの事態に直面したとき、「自分の能力や器量が足りないのではないか」、あるいは部下が反発してくるのは、「上司である自分の管理能力やリーダーシップに問題があるせいではないか」、と思い悩んでいる方も多いのではないでしょうか。

のちにも触れますが、それは違います。

ただ、こんなふうにハラスメントを受けた上司側が、職場内では大きな責任を背負ったまま働き続けなければならないことも、上司から部下へのハラスメントには見られない、厳しさの一面でしょう。

また、**上司いじめがこれからも増えていくことが予想される以上、それは決して個人の責任ではなく、会社や社会全体で解決すべき問題**といえます。

私は企業法務専門の弁護士なので、いち個人の方からの相談を受けることはほとんどありませんが、〝企業法務専門〟という、会社のあり方のプロだからこそ「会社（組織）に属する個人」が、法的に正しい方法で、効果的に相手や所属する組織にどのように対応すればいいかを、お示しすることができると考え、本書を書くことにしました。

何度もいうように「上司いじめ」は、個人の問題ではなく会社や社会全体で解決すべき問題です。上司いじめの被害を受けている方の上長を含む会社の方が、パワハラや上司いじめの問題にどう介入すべきなのか、どう備えておけばいいのかについて、4章にて解説しています。

では、「上司いじめ」対応の鉄則、

「まずは、落ち着いて冷静に対処する」

を頭の隅に置きつつ、次章より法律や対策ほかについて具体的に解説していきましょう。

1章

上司いじめの代表格「パワハラ」具体的にはどんなことを指す？

法律的な観点から見た「パワハラ」とは

「上司いじめは、れっきとしたハラスメントである」ことが、ここまででおわかりいただけたでしょうか。

ハラスメントというと、真っ先に思い浮かぶのはパワハラだと思いますが、昨今問題となっているこの「パワハラ」、法律的な観点から見るといったいどういうものなのでしょうか。

まずは「パワハラ」について、知ることからはじめましょう。

といっておいてなんですが、実は法律に基づく「パワハラ」がどういうものかを、一度に理解するのは少し大変です。

法律と関連条文だけでもかなりのボリュームがあり、何よりも個々の置かれた状況が千差万別なので、一律に「これとこれをやったらパワハラ！」といえるようなものではないためです。

厚生労働省では法律に基づいたパワハラ防止対策の指針を、「あかるい職場応援団」（パンフレット／Ｗｅｂサイトほか）などを用いて解説しています。

本章では、その指針から、特に「上司いじめ」への対応にしぼって、説明していきます。

＼あかるい職場
応援団／

パワハラを定義する三つの要素

それではまず、厚生労働省の資料における「パワハラ」の定義について見ていきましょう。

「雇用対策法」を改正し、労働者が生きがいをもって働ける社会の実現を目的として成立した、改正労働施策総合推進法（以下／パワハラ防止法／55ページ）のなかで示されている「パワハラ」の定義は、【図1-1】とされています。

これがパワハラを理解する上での基本（定義）となり、個別具体的な行為につきパワハラか否かを判断していくことになります。

では、パワハラの定義を構成する要素を一つずつ説明していきましょう。

【図1-1】 パワハラの定義

職場のパワーハラスメントとは、職場において行われる

①優越的な関係を背景とした言動で
②業務上必要かつ相当な範囲を超えて
③労働者の就業環境が害される

これら三つの要素をすべて満たすものをいう

要素① 優越的な関係が背景にある

プロローグでも触れましたが、パワハラの要素①にある**「優越的な関係を背景とした」**という言葉から、パワハラは立場の強い上司から弱い部下に行うことのように、思われがちですが、

●「部下から上司」
●「後輩から先輩」
●「非正規社員から正社員」
●「同僚間」

であっても、【図1－2】（35ページ）の典

型例に当てはまればパワハラ認定となり得ます。

「業務上必要な知識や豊富な経験があり、その人の協力がなければ業務の円滑な遂行が困難となる」というのは、たとえば、介護ホームの現場などで、管理者よりも現場でケアを担う職員のほうが実践的な知識やスキルが高く、その職員の協力がなければ入所者のケアに支障を来す、というような関係性を指します。

ＩＴ企業の技術者が、上司に当たる営業職の指示に従わず、大事な商談をすっぽかしたので案件の受注ができなかった、というようなこともこのケースに当てはまるでしょう。

また、「同僚または部下からの集団による言動」とあるとおり、人数の多寡も立場に影響を与えます。一人のリーダーに対して部下が集団で嫌がらせとは、たとえばわざと情報を共有せず仲間外しをすることなどです。

このように「職権」だけでなく、仕事の経験や知識、人数などの**立場の優位性**も勘案されるのが優越性の要件です。

【図1-2】「優越的な背景」によるパワハラの典型例

○職務上の地位が上位の者による言動

○業務上必要な知識や豊富な経験があり、
その人の協力がなければ業務の円滑な遂行が困難となる
同僚または部下の言動

○同僚または部下からの集団による言動で、
これに抵抗または拒絶することが困難なもの

要素②

業務上明らかに不必要・不適切・異常な言動

パワハラの要素②**「業務上必要かつ相当な範囲を超えて」**というのは、社会通念に照らしてその言動に、以下のような要素を含んでいる場合を指します。

- 明らかに**業務上必要がない**
- 業務の**目的を大きく逸脱**している
- 業務を遂行する**手段として不適切**
- 回数、人数、手段が**明らかに異常**

ただし、先にも少し触れたように、ある言

動をパワハラと認定するには、さまざまな観点からの検討が必要です（【図1－3】）。

具体的には、その言動を行った目的、経緯や状況、業種・業態、業務の内容・性質、問題となる言動の内容、頻度や継続性、労働者の属性※1、心身の状況※2、パワハラを行う人（行為者）との関係性、被害により受ける身体的・精神的な苦痛の程度などを考慮して、総合的に判断されることになります。

たとえば工事中の現場で、重い工具を高いところに置きっぱなしにした部下に対して上司にあたる親方が、「バカヤロウ！　てめぇ人を殺す気か！　そんなもんが頭の上から落っこちてきたら危ねぇだろうが！」と怒鳴ったとしても、パワハラと認定される可能性は低いでしょう。

では、これがもし、「バカヤロウ！　なんでそんなところに工具置いてんだよ！　アタマおかしいのか？　お前を産んだ親の顔を見てみてぇよ」といいながら頭を叩いた、という行為だったらどうでしょう？

どちらもキツイ言葉ではありますが、前者は職場環境や周囲にいる人の安全を守る目的があって、業務上必要な注意をしていることが明白なのに対し、後者は相手を非難し親まで侮辱する、さらには暴力を加えるなど、どう見ても不適切な行為であり、

【図1-3】 パワハラ認定のためのさまざまな観点

○その言動を行った目的　○経緯や状況
○業種・業態　○業務の内容・性質
○問題となる言動の内容　○頻度や継続性
○労働者の属性　○心身の状況
○パワハラを行う人（行為者）との関係性
○被害により受ける身体的・精神的な苦痛の程度　など

⬇

これらを考慮して、パワハラか否かを総合的に判断する

パワハラと認定される可能性は高くなります（1回でNGかどうかは関係性も含めて判断されるので、実際にパワハラと認定されるかどうかはまた別の問題です）。

「キツイ言葉」であっても、**業務上必要か否かが判断の基準となってくる**わけです。

※1　労働者の属性：例・経験年数や年齢、障害がある、外国人であるなど

※2　心身の状況：例・精神的または身体的な状態や疾患の有無

要素③

「平均的な労働者の感じ方」が重要

パワハラの要素③**「労働者の就業環境が害される」**というのは、行為者の言動によって、他の労働者が身体的または精神的な苦痛を感じて職場環境を不快と感じ、業務を遂行する能力が発揮できないなどの、悪影響が生じることを指します。

ただ、人によって苦痛と感じる程度には差があることから、**パワハラと認定するには「平均的な労働者の感じ方」を基準とする**、とされています。つまり、同じ言動を社会一般の労働者が受けたときに、就業する上で看過できないほどの支障が生じるかどうか、が重要ということです。

頻度や継続性も考慮されますが、著しく強い言動の場合は1回でも就業環境を害すると判断されることもあります。

また、行為者一人に対し、複数の人が被害者となることも考えられます。

たとえば日常的に大声で人を罵倒したり、暴力的な行為を繰り返す人が職場にいて、「怖くてもう会社に行きたくない」と何人もが訴えるほどの状況であれば、「職場の安全配慮義務」（労働契約法第５条／73ページ）の観点から、会社が行為者を処分することもあり得ます。

ある言動についてパワハラの訴訟に発展したときに、どこまでが許容範囲内でどのような言動がパワハラと認定されるかは、実際の状況（態様・頻度・回数・程度・持続性など）によって異なるので、一律に基準を設けることは難しく、ケースごとに法的根拠に照らして裁判官が判断することになります。

上司いじめには、**気に入らない上司・先輩に対して、自分が不快と思ったらすべてハラスメントだと訴えるケースがまま見られます。**

いわゆる「ハラスメントハラスメント（ハラハラ）」と称されるものです。

しかし、これでハラスメントが認定されてしまうと、**上司は萎縮して適切なマネジメントを行えず、組織の服務規律※が成り立たなくなります。**

この点から見てもパワハラは**「平均的な労働者の感じ方」を基準に据えて、判断することが重要**なのです。

【用語解説】

※服務規律：法律で義務化されたものではないが、従業員の認識を統一し職場の秩序を維持するために定められた従業員の義務やルールであり、就業規則に記載するのが一般的。服務規律の内容は会社により異なるが、会社設備の利用方法、身だしなみ、SNSの利用についてなど多岐にわたる。

それ、アウトです！
――「パワハラ」ととらえられる言動の具体例

パワハラに**該当する可能性がある**言動は、【図1－4】（43ページ）のとおりです。
とはいえ、「可能性がある」というだけで、これらの言動が必ずパワハラに当たるというわけではありません。

▼最も強いのは身体的攻撃

暴行・傷害は、パワハラのなかで最も強い行為（パワハラ6類型のうちの「①身体的な攻撃」）に当たり、**「服務規律違反」**など**企業秩序を乱す問題行為として懲戒処分の対象**となり得ます。

相手にケガを負わせるほどではなくても、物を投げつける、机を強く叩くなどの威嚇行為、何度も小突く、足蹴りをする、胸ぐらをつかむ、タバコの火を近づける、などもパワハラ6類型のなかの身体的な攻撃に当たります。

相手との関係性や状況にもよりますが、拳を振り上げて殴るふりをするとか、新聞紙を丸めたもので頭を軽く叩く、丸めた紙を投げる程度のことは、暴行には当たらないのが通常です。

上司から部下に対する暴力があったとき、加害者が役職者など地位の高い人ほど責任は重く問われます。そして上司から部下、部下から上司いずれの場合も、反省や謝罪の姿勢がなく暴力を繰り返したり、被害者に重度のケガを負わせた場合は解雇される可能性もあります。

刑法上も暴行罪（刑法第208条）が適用され、傷害が生じれば傷害罪（刑法第204条）に問われることになります。

【図1-4】 パワハラ6類型

①身体的な攻撃
暴行・傷害

②精神的な攻撃
脅迫・名誉毀損・侮辱・ひどい暴言など

③人間関係からの切り離し
隔離・仲間外し・無視など

④過大な要求
業務上明らかに不要なことや
遂行不可能なことの強制、仕事の妨害

⑤過小な要求
業務上の合理性なく、能力や経験とかけ離れた
程度の低い仕事を命じたり、仕事を与えない

⑥個の侵害
私的なことに過度に立ち入る

参考資料／厚生労働省
あかるい職場応援団

▼人格攻撃や嫌がらせ目的の言動

ある言動がパワハラか否かを線引きするポイントは、その「目的」です。

人格攻撃は言葉の暴力――パワハラ6類型（43ページ）のうちの②脅迫・名誉毀損・侮辱・ひどい暴言による精神的な攻撃です。

具体的に上司いじめのシチュエーションでは、どんな言葉が該当するのか（あまり気が進みませんが）見てみましょう【図1－5】）。

能力、学歴、容姿、性格、個人の背景（家族など）を揶揄《やゆ》する言葉はもちろんですが、プラスして大声を出す、にらむ、身体に危険を感じさせるような発言、わざと大勢の前でいう……などを伴えば、パワハラに該当する可能性がより高くなります。

また、本人に非はまったくないのですが、体格がよい人は声も大きくなりがちで力も強いので、意図せず威圧感を与えてしまう可能性もあります。思い当たる方は少し意識するのも、よいかもしれません。

【図1-5】 NGワードの例

結果出してから言ってください／どれだけ迷惑かければ気が済むんですか／クビになるのも時間の問題ですね／目障りなんですけど／もう辞めたらどうですか／まじめにやってます？／これ常識ですよ／何回教えればわかるんですか／アタマ大丈夫ですか？／無能／使えない／役立たず／レベルが低い／仕事が遅い／給料泥棒／コネ入社／親の顔を見てみたい／親もアタマ悪いんでしょう／子どもがかわいそう／よく入社できましたね／●●さんを信じた私がバカでした／ハゲ／デブ／チビ／ぶさいく（ブス）／アホ／バカ／ボケ／カス／クソ／死ね／消えろ／きもい／くさい／のろま／無能／ジジイ／ババア／オバちゃん……など

職務上必要である、または教育や指導を目的とした言動ではなく、**人格を傷つけたり、嫌がらせを目的とした言動**は、**「モラルハラスメント」**でもあり、その行為は憲法上の**人格権（84ページ）の侵害**に当たります。

損害賠償責任（民法第709条）を負うだけでなく、侮辱罪（刑法第231条）、名誉毀損罪（刑法第230条）等での刑事罰の対象にもなり得ます。

▼仲間外し、無視、隔離などの個人を疎外する行為

特定の人だけに対して歓迎会や送別会に誘わないなどの仲間外し、話しかけても集団で避けたり無視をする、一人だけ席を移動させたりリモートワークを強制したりして隔離するといった、職場内の人間関係から疎外する行為は、パワハラ6類型（43ページ）のうちの「③人間関係からの切り離し」に該当します。

仲間外しや無視など、よかれと思って部下にアドバイスをしたら、「うるさいヤツ」というレッテルを貼られて、ほかの部下も指示に従わなくなった、コミュニケーションを取ろうと若手の女性リーダーを食事に誘ったら、「セクハラ課長に飲みに誘われ

た！」といいふらされて皆から無視されるようになった、などは残念ながらよく聞く話です。

いじめに発展するきっかけは仕事上の意見の対立や、強い言動に対する反発心、やや配慮に欠ける誘い、ほかが考えられますが、上司いじめでは新しいリーダーが来たときに既存のリーダー的人物が、自分に心地よい環境が変わるのを恐れ、新しいリーダーを排除する動きを煽動《せんどう》する、ということが多いようです。したがって、新しい部署・環境に異動するときは、特に注意すべきタイミングといえます。

対応策としては、まずは教育が必要です。

仲間外しはパワハラであり、ある人にただ追従しただけだとしても、一人一人が加害者になりうることを理解させ、自律をうながすことが大切です。

それでも改善しない場合は、毅然とした態度で、さらにこの後に説明する対応策をとるようにしてください。

▼「過大」でも「過小」でもダメな要求

パワハラ6類型（43ページ）のうちの「④過大な要求」は業務上明らかに不要なことや、遂行不可能な業務を押し付けるパワハラ行為のことを指します。

厚生労働省では、「あかるい職場応援団」（31ページ）などで以下のような例を挙げています。

①長期間、肉体的苦痛を伴う過酷な環境下で、業務に直接関係のない作業を命ずる
②新規採用者に必要な教育を行わないまま、とうてい対応できないレベルの業績目標を課し、達成できないと厳しく叱責する
③業務とは関係のない私的な雑用の処理を強制的に行わせる

通常は職務上の権限が強い人が行為者となることが多いのですが、たとえば管理者よりも従業員の技術・知識レベルが高いような職場では、部下のほうが優越的な背景

【図1－2】／35ページ）を持つこととなり、「業務上明らかに不要なことや遂行不可能な業務」を強要された場合は、部下からであってもパワハラ（上司いじめ）に当たる可能性があります。

逆に「業務上の合理性なく、能力や経験とかけ離れた程度の低い仕事をさせたり、まったく仕事をさせない」ことも、パワハラ6類型（43ページ）の「⑤過小な要求」としてパワハラに当たります。

ひと昔前のドラマのワンシーンではありませんが、派閥闘争に敗れた（実は有能な）管理職を「追い出し部屋」と呼ばれる仕事のない部署へ異動させる……というような、管理職である労働者を退職に追い込むためや、気に入らない労働者への嫌がらせが目的ということが多いようです。

「過小な要求」も「過大な要求」と同様に、部下が優越的な立場となり得る職場では、上司いじめとして発生する可能性があります。

▼私的なことへの過度な立ち入り

厚生労働省は、「労働者を職場外でも継続的に監視したり、個人の私物を写真で撮影したりすること、また、上司との面談等で話した性的指向・性自認や病歴、不妊治療等の機微な個人情報について、本人の了解を得ずに、ほかの労働者に暴露すること」などの私的なことへの過度な立ち入りは、パワハラ6類型（43ページ）のうちの「⑥個の侵害」に該当するとしています。

自分が知り得た他人の情報をほかの労働者に暴露することは、プライバシー保護の観点でも絶対にしてはいけません。

ただし、労働者を保護する目的で、「本人の了解を得て、当該労働者の個人情報について、必要な範囲で人事労務部門の担当者に伝達し、配慮をうながす」ことはパワハラには当たらないとされています。

また、従業員への配慮を目的として、家族の状況等について当該従業員にヒアリングを行うことも、パワハラには当たらないとされていますが、本人が聞かれたくないと意思表示をしているにもかかわらず「パートナーと一緒に住んでいるの？」「旦那さんは何の仕事をしている人？」「子どもはいつ頃産むつもりなの？」などと、個人の事情を聞くのはＮＧです。

＊　＊　＊

法律的な観点から見た「パワハラ」が具体的にはどういうものか、ある程度おわかりいただけたでしょうか。あるいは、いままで「（パワハラとは）こういうものだ」と思われていたものとは、違っていたかもしれません。

上司いじめの鉄則「まずは、落ち着いて冷静に対処する」ためにも、漠然とした理解で終わらせるのではなく、正確な知識を身に付けて、ご自身の武器にしてください。

コラム①

パワハラの歴史を振り返る

上司いじめが増幅する、大きな要因の一つである「パワハラ（パワーハラスメント）」。

今では当たり前に使われている「パワハラ」という言葉は、いつ頃から使われはじめ、なぜここまで広く認知されるようになったのでしょう。

職場内ハラスメントへの認識はセクハラからはじまった

1986年、女性の社会進出が本格化しバブル経済が盛り上がりを見せるなかで、男女雇用機会均等法※1が施行されました。しかし、職場での女性蔑視や性的な嫌がらせは横行し続け、それらを禁ずる法律の規定はありませんでした。

1989年、ついに日本ではじめてといわれる、性的嫌がらせに関する裁判が起きます。性的中傷により退職を余儀なくされた女性が、会社を相手に裁判を起こしたのです（福岡地方裁判所平成4年4月16日判決［福岡セクシュアルハラスメント事件］）。

この裁判は約3年をかけて争われ、原告が全面勝訴します。その過程で多くの女性の支持を集め、セクハラという概念が世の中に徐々に浸透することになりました。

裁判がはじまったその年（1989年）には「セクシャル・ハラスメント」が新語・流行語大賞の新語部門・金賞を受賞するほどの認知度を得たのです。

そして「パワハラ」が誕生した

その頃、女性の就業支援や職場のメンタルヘルス相談などを行う「クオレ・シー・キューブ」というコンサルティング会社が東京に設立されました。

当時の社長で、その後、厚生労働省のワーキンググループメンバーも務めた岡田康子氏は、職場にはセクハラだけでなく「権力の力関係を背景とする、行き過ぎた指導による個人の尊厳侵害や職場環境の悪化」が存在することを指摘し、その状況を称した**「パワーハラスメント」**という言葉（和製英語）を2001年に提唱します。

これが「パワハラ」という用語のはじまりとされています。

バブル崩壊……増え続けたパワハラをめぐる争い

その後、バブル経済が崩壊すると、解雇に対する不安、成果主義の導入、ノルマの強要などで日本の職場環境は悪化し、ハラスメント問題が次々と表面化します。

パワハラという言葉が、裁判で登場するようになったのは2003年頃ですが、当時は問題となる行為が、業務上の指導の延長なのか違法行為に当たるのかといった基準もなく、法的規制をするには至りませんでした。

ハラスメントをめぐる争いは増え続け、国も看過できない状況となった2011年、厚生労働省は「職場のいじめ・嫌がらせ問題に関する円卓会議ワーキング・グループ」を設置し、ハラスメント問題への取り組みのあり方の議論を、本格的にはじめることになります。

過去の過重労働、過労死問題、労働生産性低下の反省を踏まえて、2018年の6月に働き方改革関連法が成立しますが、逆に業務時間短縮の責任を部下に丸投げする「時間短縮ハラスメント（以下／ジタハラ）」、妊娠・出産・育児休業などに伴う不当な処遇「マタニティハラスメント（以下／マタハラ）」、男性の父性に対する「パタニティハラスメント（以下／パタハラ）」、介護休業などに伴う不当な処遇「ケアハラスメント（以下／ケアハラ）」など新たなハラスメントが登場し、いよいよ包括的な職場環境の整備が求められるようになりました。

会社には「パワハラ防止」の義務がある

折しも、職場におけるハラスメント問題解決への機運は世界の潮流となっており、国連が2019年に「仕事の世界における暴力及びハラスメントの撤廃に関する条約」を発効したことで、わが国でも職場のハラスメント対策にかかる法整備が急加速しました。

同年、ハラスメント対策関連法としてセクハラ、マタハラ等に関係する複数の法律改正※2とともに、**労働施策総合推進法**※3のなかに**パワハラ防止に関する条項が追加**されました。

これによって会社などの組織には、職場におけるパワハラ防止のための措置を講じる義務が課され、2020年6月には大企業に対して、2022年4月以降は中小を含む全企業にその対象が拡げられました。

ちなみに、いわゆるパワハラ防止法と称される改正労働施策総合推進法は、そもそも1966年に制定された雇用対策法が前身であり、職業訓練等の充実や再就職の援助促進、外国人の雇用管理、国と地方公共団体との連携など、広く労働環境の充実について定める法律であって、パワハラ防止に特化した法律ではありません。

ただ、わかりやすいように、本書ではこの法律改正時に定められたパワハラ防止に関する国の指針（令和2年厚生労働省告示第5号）は、「パワハラ防止法」と表現していますので、ご承知おきください。

※1　正式名称：雇用の分野における男女の均等な機会及び待遇の確保等に関する法律

※2　2019（令和元）年に女性の職業生活における活躍の推進に関する法律等の一部

を改正、男女雇用機会均等法、育児・介護休業法の改正が行われた

※3　正式名称：労働施策の総合的な推進並びに労働者の雇用の安定及び職業生活の充実等に関する法律

2章

「上司いじめ」への
適切な対処法がわかる！
労働者・使用者双方の
義務と権利

職場でのハラスメントは「服務規律」に反する行為

パワハラについてある程度理解したところで、この章では主に、職場内ハラスメントに関連する国の指針と、労働法で定められた使用者（会社側）と労働者（従業員）の、権利・義務について解説していきます。

職場でのパワハラなどのハラスメントは**服務規律**（40ページ）に反する行為で、会社が認定すれば懲戒処分（165ページ）の対象となります。

また**加害者だけではなく、会社**も**安全配慮義務（73ページ）の不履行**により責任が問われることがあります。「上司いじめ」は、一人で対応しなくてはならない問題ではない——というのは、ここにも根拠があるわけです。

労働者・使用者双方の義務と権利について知ることで、「上司いじめ」への適切な対処法がわかります。

特に、労働契約法上の労働者の義務の部分（80ページ）は、3章のケース・スタディでハラスメントの行為者と対話する際の根拠となるので、ぜひ目を通してみてください。

会社にはパワハラ防止の義務がある

〈この項目の柱となる法律〉
労働施策総合推進法 第9章：職場における優越的な関係を背景とした言動に起因する問題に関して事業主の講ずべき措置等（第30条の2～第30条の8）

パワハラ防止法は、パワハラ自体を禁止したり、その行為を行った人を罰したりする法律ではありません。しかし、社内でパワハラがあったと認定された場合、会社は**被害者に対して謝罪をうながしたり加害者に懲戒処分を科す**ことができます（就業規則に懲戒事由に関する記載があることが前提）。

また、個人としても相手に慰謝料や損害賠償等を求めて、訴訟を起こすことが可能となります。

【図2-1】 パワハラ防止のための雇用管理上必要な措置

必要な措置	具体例
周知・啓発 会社の方針等の明確化およびその周知・啓発	・パワハラを行ってはならないという方針を周知・啓発する ・パワハラの行為者は厳正に対処することを就業規則などに文書化し、周知する
相談 相談（苦情含む）に応じ、適切に対応するために必要な体制の整備	・相談窓口を設置し、担当者などを従業員に周知する ・パワハラの発生を予防し、生じた場合も苦情の段階から広く相談を受ける
対応 職場におけるパワハラにかかる事後の迅速かつ適切な対応	・事実関係を迅速かつ正確に把握する ・事実確認ができたら行為者と被害者に対し適正な措置を講ずる（配置転換など） ・再発防止につとめる
併せて講ずべき措置	・相談者・行為者等のプライバシー保護に必要な措置を講じ、周知する ・相談したことや事実関係の確認に協力したこと等を理由に、解雇や不利益な扱いをしない旨を定め周知する

参考資料：厚生労働省 都道府県労働局雇用環境・均等部（室）リーフレット

国の指針で示されるパワハラの定義は33ページで紹介しましたので、ここではパワハラ防止法で事業主（以下会社とする）に義務付けられた、パワハラ防止のための雇用管理上必要な措置について記載します（【図2-1】／63ページ）。

この措置の義務化は、現在中小企業も含めた全企業が対象となっていますので、まずは就業規則に記載されているパワハラに対する会社の方針、行為者への処分に対する方針、相談窓口についての記載をいま一度確認し、対応しておきましょう。

パワハラなどのハラスメントが発生したとき、相談を受けたときの会社の具体的な対応は4章の「従業員からハラスメントの相談があったら」（157ページ）に詳しく解説していますので、併せてお読みください。

セクハラ、マタハラ・パタハラ、ケアハラも もちろん許されません！

〈この項目の柱となる法律〉
男女雇用機会均等法／育児・介護休業法

２０２０年６月のパワハラ防止法の法改正とともに、セクハラやマタハラ、パタハラ、ケアハラに関する法律が一部改正されました。

会社には、パワハラと同様にこれらのハラスメントを、行ってはならないことを周知・啓発し、相談に応じ適切に対応できる体制を整備することが、法律で求められています。また、法律で保障されている制度を利用することに対するイヤミほかの発言などで、その人の就業環境が害されることのないよう、会社は雇用管理上必要な措置を講じなければなりません。

部下を持つ方は、セクハラ、マタハラ・パタハラ・ケアハラについても、不用意な発言や行動がハラスメントを疑われたり、逆に上司いじめを招く可能性があることを意識しておいたほうがいいでしょう。

▼セクハラについて

セクハラは男女雇用機会均等法で規定されており、「職場での性的な言動によって労働者の就業環境が害され、就業に支障が生じる」**環境型セクハラ**と、「職場における性的な言動を労働者が拒否・抵抗したことに対して、労働者が不利益（解雇、降格、減給、昇進や昇格対象からの除外、不当な配置転換など）を受ける」**対価型セクハラ**があります。

当初は女性保護を目的としていましたが、**現在では女性から男性・同性同士でもセクハラになる**とされています。

▼マタハラ・パタハラ、ケアハラについて

マタハラ・パタハラ・ケアハラの定義は、男女雇用機会均等法と育児・介護休業法で規定されています。マタハラ・パタハラ、ケアハラには「制度等の利用への嫌がらせ型」と「状態への嫌がらせ型」があります。

▽制度等の利用への嫌がらせ型

産前休業、妊婦健診※や産後の健康管理に関する措置、軽易な業務への転換、時間外・休日・深夜業の制限、育児時間の確保、危険有害業務の就業制限、育児休業、介護休業、育児または介護のための時短労働、始業時間変更などの制度を利用する権利は法律で保障されています。

これらの制度を利用または利用しようとしたことに対して、不利益な扱いを示唆したり、制度の請求や利用を阻害したりすることを指します。

この場合、行為者となりうるのは**上司または事業者（会社）**です。部下からこれら

の休業の申請があったときに、当該従業員の体調や状況（家庭環境など）がよくないのに、休業を妨げたり制度の利用を取り下げるよう迫る行為は、上司から部下に対するハラスメントになります（同時に事業者は、安全配慮義務違反も問われる可能性があります）。

事業者（会社）が同様のことをした場合は、そもそも制度等の利用ができることを規定している各法（産前休業ならば労働基準法第65条第1項）に違反します。

逆に、妊婦健診など、ある程度調整が可能な休業について、当該従業員の意向を確認すること（客観的に見て業務上の必要性に基づく言動とみなされる）は、ハラスメントには当たりません（50ページ）。

【用語解説】

※**妊婦健診**：母体の健康状態や胎児の成長・発達を確認するため、妊娠中は定期的な医療機関の受診が推奨されている。妊娠初期は4週間に1回、中期は2週間に1回、後期から出産までは週1回受診（初回が妊娠8週頃とすると出産までに14回程度行う）。

▽状態への嫌がらせ

妊娠、出産、産後休業、妊娠悪阻《おそ》、つわり、切迫流産をはじめとした、妊産婦に生じる症状や危険有害業務が制限されている状況に対して、

①解雇や不利益な取り扱いを示唆

②制度の請求や利用を阻害したり、仕事をさせない、イヤミをいうなどの嫌がらせを繰り返し・継続的に行う

などの例です。

①「解雇や不利益な取り扱いを示唆」することの行為者となり得るのは上司で、その発言がたとえ1回であってもハラスメントになります。たとえば、妊娠を報告された上司が、「ほかの人を雇うので、早めに辞めてもらうしかないね」「こんなに長く休んだら、復帰したときに席がなくなっているかもしれないよ」などということです。

②**「制度の請求や利用の阻害、その他の嫌がらせ」の行為者となり得るのは上司と同僚**で、1回だけではハラスメントとはならないことが多いと思います。

労働基準法における使用者の災害補償責任とは？

〈この項目の柱となる法律〉
労働基準法 第75条：労働者が業務上負傷し、又は疾病にかかった場合においては、使用者は、その費用で必要な療養を行い、又は必要な療養の費用を負担しなければならない。

労働基準法は、労働者の権利を守るための法律であり、労働条件や雇用者の義務、違反した場合の罰則などについて規定されています。

使用者の災害補償責任が労働基準法では定められており、就業中にハラスメントにより従業員が精神疾患を患い労働災害（労災）と認定されたときには、会社は労働者に療養給付、休業給付、障害給付などを補償しなければならないという、取り決めがあります（１９０ページ）。

ただし、労災保険の給付が行われる場合には、使用者の災害補償責任が免除されることになっています。

そのため多くの場合は、労災保険給付※として従業員に支払われることになりますが、慰謝料は対象としておらず、休業損害や逸失利益などの全額を補償するものではありません。

つまり、労災保険給付がなされている場合であっても、使用者は労働者から慰謝料、休業損害や逸失利益で補償されなかった金額について、損害賠償請求を受ける可能性があることになります。

ちなみに、労働基準法上で「使用者」は、

「事業主又は事業の経営担当者その他その事業の労働者に関する事項について、事業主のために行為をするすべての者」（第10条）

と定められています。

ちょっとわかりにくい表現ですが、つまりは法人（会社）だけでなく、社長や取締役などの経営者や部長、人事担当者など、労働条件を決定したり労務管理の実施などの権限を持つ人たち、ということです。

つまり、役職が部長でも、権限を持たない人は使用者には含まれません。

【用語解説】

※労災保険給付（いわゆる労災）：労働者が業務や通勤が原因でケガや病気を負った（または死亡した）ときに、治療費など必要な保険給付を行う制度。請求書類に必要事項を記載して労基署に提出。調査の上認定されると保険給付が受けられる。

労働契約法における使用者の安全配慮義務とは？

〈この項目の柱となる法律〉
労働契約法 第5条：使用者は、労働契約に伴い、労働者がその生命、身体等の安全を確保しつつ労働することができるよう、必要な配慮をするものとする。

労働契約法は、労働契約の締結、労働条件の変更、解雇等に関する基本的なルールを定めた法律です。

会社には労働者が安全に働ける環境整備や、心身の健康を守るための措置が法律で義務付けられており、これを**「安全配慮義務」**といいます。

主に、健康管理と職場環境の二つの面での対策が求められています。

▽**健康配慮義務**

会社は労働災害の防止や就業中の病気を防ぎ、労働者が心身ともに健康でいられるように健康診断（年1回）やストレスチェック、メンタルヘルス対策を行う義務があります。また、労働者の体調等を配慮した適切な業務配置を行うこと、病気やケガを負った際には治療を行うことも使用者の義務です（会社規模によって、どこまで義務とされているか異なる場合があります）。

▽**職場環境配慮義務**

会社は労働者が安心して働けるよう、室内・作業環境の快適化や業務負荷軽減に配慮する義務があります。職場でのハラスメント予防策を講じることや、発生時に適切な対応をすることも職場環境への配慮の一環です。

安全配慮義務に違反しても罰則はありませんが、違反した結果、労働者の心身が害されたときには、民法上の債務不履行（民法第415条）、不法行為責任（民法第709条）、使用者責任（民法第715条）により、損害賠償請求が発生することがあります。

なお、労働契約法上の「使用者」は「労働者に対して賃金を支払う者」（第2条）なので、個人事業の場合は事業主、会社その他の法人組織の場合は法人が使用者となります。

労働基準法上の使用者よりも対象範囲が狭く、**部長や課長などは使用者には当たりません。**

使用者に認められている「経営三権」

〈この項目の柱になる法律〉
労働契約法／経営三権（使用者の権利）

使用者には**「業務命令権」「人事権」「施設管理権」**（「経営三権」といいます）があり、労働者個人または労働組合はこれらの権利に介入できません（労働契約法上の「使用者の権利」）。

「経営三権」として法律で明確に定められているわけではありませんが、会社が当然に有する権利として認識されています。

したがって、個人や組合からこの「経営三権」に関する、なんらかの要求があったとしても、必ず聞き入れなければならないということはなく、要求を却下しても**不当労働行為**には当たりません

▼業務命令権について

業務命令権とは、使用者が労働者に対して業務に関する事項の指揮監督・命令をする権利のことをいいます。

業務命令には、残業命令、休職命令、配置転換、出張、出向など労務提供に関する命令のほか、健康診断の受診なども含まれます。

したがって、業務時間内に労働組合活動を要求されたとしても、使用者は業務命令権を根拠に拒否することができます。

▼人事権について

人事権とは、使用者が労働者の採用・異動、昇進・降格、休職・解雇などの人事に関する処遇を決定できる権利のことをいいます。ただし、使用者の権利濫用を防止するために、ほかの労働法や労働協約などで細かい規定があり、その範囲内で人事を行わなければなりません。

人事権についても労働組合が介入することはできませんが、労働組合に不利益を与える人事異動を行った場合は、不当労働行為となる可能性があります。

▼施設管理権について

施設管理権とは、会社が所有する建物、敷地、施設等を管理・保全する権利のことをいいます。会社の施設・設備は、会社が所有している（または賃借している）もので、その利用方法を決めるのは、原則会社です（賃借の場合は、貸主が利用方法を一部制限することもあります）。

労働者は、あくまで労務を提供するためにその施設・設備を使うことができるのであって、それ以外の目的、たとえば仕事に関係ない集会やレジャーのために会社の施設・設備を自由に使えるわけではありません。

また、労働者が会社の敷地内でビラをまいたり貼ったりする行為も、会社の施設管理権を侵害する可能性があり、会社の事前承認がない場合は、即刻撤去させられても文句はいえません（就業規則で規定されていることが多いです）。

労働組合も許可なく会社の施設を利用することはできませんが、すでに組合活動のための利用が慣行になっている場合は、その限りではありません。

【用語解説】

不当労働行為：憲法で保障された団結権（憲法第28条）等の実効性を確保するため、労働組合法第7条で定められている、使用者が労働組合等に行ってはならないとされている行為。

労働契約法上の「労働者の義務」とは？

〈この項目の柱になる法律〉
労働契約法／労働者の義務

労働契約法上の「労働者」とは、正社員、アルバイト、パートタイマー、嘱託社員、契約社員、派遣社員などの雇用形態を問わず、雇われて指揮命令されて働く人を指します。労働契約を結ぶことによって、使用者は約束した賃金を支払うなどの義務が生じ、同時に**労働者は労務を提供するなどの義務**が生じます。

▼労務提供義務・誠実労働義務について

労働者には労働契約に基づき、会社に労務を提供する義務があります。これは出勤さえすればよいというものではありません。

たとえ、**会社の考え方や方針が個人的に納得できなかったとしても、それが違法、不当でない限りは、会社の指示に従って誠実に労務を提供しなければなりません**し、就業規則など職場のルールも守らなければなりません。

労働者が労務を提供しない場合は、契約に違反したとみなされ、使用者に生じた損害を賠償する責務を負うこともあります。

▼職務専念義務について

労働者には就業時間中、職務に専念する義務があります。就業時間中に仕事と関係のないことをしていたら、その時間は労務を提供したとはいえません。原則として労働組合の活動を業務時間内にしてはいけないのは、この義務によるものです。

職務専念義務に反するかどうかは、本来の職務の性質や内容、就業時間中に行った行為の態様などによって異なるので、個別に判断していくことになります。

▼企業秩序維持義務について

たとえ自分の意に沿わないことだとしても、労働者は上司の命令に従わなければいけません。そうでないと、職場の秩序が保たれなくなってしまうからです。

判例でも、会社は労働者に、その存立を維持し目的たる事業を円滑に運営するため、企業秩序に服することを求めることができる、とされています（**最高裁昭和54年10月30日判決／国鉄札幌駅事件**）。

しかし、使用者の命令の内容が違法・不当なものである場合には、使用者の権利の濫用に当たるものとして労働者は拒否することができます。

▼信用保持義務について

会社の内外の情報にかかわらず、会社の信用を失墜させるような行為を労働者に禁ずる義務のことです。たとえ勤務時間外に行った行為でも、これに該当すれば規制の対象となります。また、業種によっては暴力団等の反社会的勢力とのかかわりを禁止しているケースもあります。

▼秘密保持義務(守秘義務)について

職場で知り得た会社の機密情報(経営上のノウハウ、社内の人事情報、顧客の情報など)を外部に公開することは禁止されています。ほとんどの場合、就業規則に記載されているはずです。

SNSへの書き込みなど、勤務時間外に行ったことでも、その内容や程度によっては懲戒処分の対象となります。また、退職者に対しても適用されることがあります。

すべての労働者において守られる「人格権」とは？

生命・身体・自由・貞操などの人の**身体的な利益**と、名誉・信用・氏名・肖像などの人の**精神的な利益**を総称して**人格権**と呼び、人格権の侵害に対しては、基本的人権ということもあり、差止請求権が生じるとされています。

職場では、次のような人格権が、すべての労働者において守られなければなりません。

- 名誉、プライバシー、生命・身体の安全等が保護される権利（労働契約法第5条）
- 安全と健康が確保された快適な職場環境で仕事をする権利（労働安全衛生法）

【用語解説】

差止請求権：自己の権利を侵害された、あるいは侵害される可能性のある者が、その加害行為を行う者に対してそれをやめるよう請求することのできる権利。〔小学館　日本大百科全書（ニッポニカ）〕

＊　＊　＊

職場内ハラスメントに関する国の指針と、労働法で定められた使用者（会社側）と労働者（従業員）の権利・義務について、理解は進んだでしょうか。

このようにさまざまな法律で、権利が守られたり、義務が課されたりしています。「上司いじめ」に関連する法律をひと通り解説したところで、次の3章ではケース・スタディとして事例を見ていきましょう。

コラム②

職場で特に注意したいハラスメント

すでに一般的に使われていて、特に職場内で注意しておきたいハラスメントは、本編で取り上げているパワハラ、セクハラ、マタハラ、パタハラ、ケアハラのほかにもいくつかあります。

- **ジェンダーハラスメント（ジェンハラ）**：性別を理由とした嫌がらせや差別
- **モラルハラスメント（モラハラ）**：言葉や態度による精神的虐待
- **リストラハラスメント（リスハラ）**：リストラ対象者に対する嫌がらせ

特に相談を受ける側の立場の人は、**セカンドハラスメント（セカハラ）**に気をつけましょう。これはハラスメントを訴えた被害者に対して、「あなたにも非があるのでは？」「みんなガマンしているのだからわがままをいうな」と責めたり、セクハラ被害について根掘り葉掘り聞き取りをするなど、被害者をさらに傷つけるような言動です。

ほかにも職場環境によっては、カスタマーハラスメント（カスハラ）、リモートハラスメント（リモハラ）、ソーシャルハラスメント（ソーハラ）、アルコールハラスメント（アルハラ）、テクニカルハラスメント（テクハラ）、エイジングハラスメント（エイハラ）、テクスチュアルハラスメント（テクハラ）、レイシャルハラスメント（レイハラ）なども関係してくるかもしれません。

そして、「〇〇ハラスメント」の最終形態ともいえる「自分が嫌だと思ったら、たとえ正当な言動でも、すべてをハラスメントと主張する」**ハラスメントハラスメント（ハラハラ）**。

これは本書3章（95ページ）でも事例をあげていますが、実は上司いじめの一つの態様として、もはやレアケースではなくなってきているのが現状です。

3章

ケース・スタディでわかる！「上司いじめ」の法的根拠と対応法

「上司いじめ」にあった場合に知っておきたいこと

本章では事例を元に、「どういった態度をとるべきなのか」「この場合（事例で）はこの法律が当てはまる」「対応の仕方」などについて、丁寧に解説しています（ケース・スタディ）。

「この法律って、何だっけ？」ということがあっても、該当ページまで戻って見直しながらで大丈夫。

いずれは応用できるようになるはずです。

また、実際に「上司いじめ」にあったときには、基本的にまずは会社への報告ののち、問題行為に対する1対1の口頭注意・指導という対応となります（141ページ／※行為によっては必ずこの段階を踏むものではありません）。

それを前提として、「会社への報告や加害者に対して口頭注意・指導する際、〝上司いじめの証拠〟として、何が必要となるのか」（137ページ）はもちろん、「上司や会社に相談しても助けてもらえない」「相談窓口が機能していない」「会社の対応に納得がいかない」場合についても、どうすればいいのか、具体的な対応法も掲載しています（143ページ）。

それでは、早速事例を見ていきましょう。

事例①

部下に注意・指導したところ「パワハラだ!」と過剰に反応された

「そんな言い方はパワハラじゃないですか! 謝ってください」

部下に少し強い口調で注意・指導をしたとき、こんなふうに反撃されることはありませんか。

◆

このようなときは、カッとせず、いったん自分の言動を振り返ってみましょう。

まずは、あなたが行った注意・指導の内容が「業務上必要であった」かどうかを冷静に判断しましょう(【図1-1】／33ページ)。

なぜならば、このようなときに会社が最も重視するのは、パワハラに当たる言動があったかどうかよりも、**指導として適切だったのか不適切だったのか**ということだからです。

さて、いかがでしょうか？　加えて、次のような言動を伴わなかったかどうかを思い出してください（※以下、紹介する各事例については、「業務上必要であった」ことを前提とします）。

- 大声で罵倒する、机を強く叩くなどの威嚇的な行為を伴う
- 大勢の前で注意・叱責する
- 不適切な言葉、表現を使う
  - ―身体的に危険を感じさせるような発言
  - ―地位を利用して雇用を脅かすような発言
  - ―人格を傷つけるような発言

これらは適正な範囲を超えて相手を追い詰める、パワハラととられて仕方がない言動です。言葉遣いは習慣ですから、もしこれに当てはまるようならば、二度と繰り返

さないよう、慎重に行動しましょう。

注意・指導の内容が業務上必要かつ言動も適正な範囲であれば、相手に対して「適切な注意・指導の範囲内でパワハラには当たらない」ことをきちんと伝えましょう。

ちなみに、**パワハラととらえられない指導の仕方**は、次のとおりです。

① 問題解決を目的に
② 感情的にならない
③ 人格や性格を否定しない
④ どのように改善すべきかを具体的に伝える
⑤ どのように部下に伝わったかを確認する

たとえばつい口をついて出てしまう、「何で（どうして）できないんだ」という言葉。これは相手を不快な思いにさせる、デンジャラスクエスチョンとされています。

いわれたほうはすでに何らかの負い目を感じているので、「こんなこともできない私なんかどうせダメだ」と落胆するか、逆に「何でかがわかっていれば、とっくにやってるわ！」とカチンとくるに決まっています。

また、これまた上司の立場だと言いがちな、「ちゃんとしろ！」という言葉も同様です。

指導や指示にあたっては感情的な言葉やあいまいな言葉は避け、具体的に何をどうすべきなのか――たとえば作業を時間どおりに終わらせてほしいのか、丁寧にやることを優先してほしいのかなど――**を伝えるべき**です。

昔から「察する」「行間を読む」のは日本人の美徳といわれますが、ビジネスにおいては「察してくれる」ことを期待せず、明確な言葉で指導や指示をすることが間違いのない方法です。

昨今は、職場でパワハラ研修を行う会社も増えてきました。

それ自体はよいことなのですが、研修で紹介される「パワハラにあたる可能性が高い言動」を鵜呑みにして、「そのいい方（行為）はパワハラじゃないですか」と部下が反応してくるケース（ハラハラ）が多々あるのは、先にも述べたとおりです。

研修ではあくまでも「可能性がある」と示しているはずなのですが、ヒトは得た情報を自分に都合よく解釈しがちです。

何度もお伝えしているとおり、「こういったら・これをしたら即パワハラ」という言動は、暴行・傷害以外ありません。

ただ、適した指導を適したかたちですることが大切です。

最近、何かの機会があれば、社内外で上司や先輩の評価を貶めてやろうという意図を持っている部下（いわゆるモンスター部下）や後輩が、一定数見られています。

相手がいわゆる「モンスター部下」の場合は、上司であるあなたのマネジメント能力とは一切関係ありません。挑発に乗らずに一息置いてから改めて対話をすることが大切です。

そして**パワハラをした覚えがないならば、安易に謝罪しないこと**です。

それは自分の行為をハラスメントだったと認めたとして、相手に絶好のチャンスを与えてしまいかねないからです。

事例②

部下に「労基署に行く！　弁護士に相談する！」と脅された

「パワハラだ！」と騒いだ挙句に、「訴えてやる！」とエスカレートする部下もいます。そういう人が言いがちなのが、「労基署に行きますよ」「弁護士を立てて会社を訴えてやる！」という言葉です。

◆

「労基署の調査が入ったらめんどうだな」

「訴えられたら会社にも迷惑がかかるだろうし」

「穏便に済ませたほうがいいのかも」

などと思ってしまったら相手の思うつぼです。ここは怯まず、強気でいきましょう。

労基署に行くのも、弁護士に相談するのも労働者の自由なので、他者が拒む理由や権利はありません。逆に、あなたがパワハラを受けているのに、会社が何もしてくれなかったら、労基署に行こうと思っていませんか?

知っておいてほしい、重要なポイントがあります。

労基署が問題にするのは、労働基準関係法令を守らない「会社」であって、**従業員等の個人の問題ではない**ということです。

もう一つは、**パワハラ自体が労働基準関係法令で、規定されているものではない**ということ。そのため、一応話は聞いてもらえても、即解決となることは少ないのです。

パワハラの相談窓口は、労基署の上部組織である、労働局の総合労働相談コーナーですので(付録1　外部の相談窓口一覧/180ページ)、多くの場合は労働局を紹介されるか、弁護士に相談するようにうながされることになるはずです。

ですから、もし私が部下に「労基署(弁護士のところ)に行く」と言われたら、「どういう目的で労基署(弁護士のところ)に行くの?」と確認をします。そのうえで、まずは部下の話を冷静に落ちついてしっかり聞くようにします。

この、「常に目的を明確にする」ということは、ほかにもさまざまなシーンで有効です。

たとえばあなた自身が、社内外の労働相談窓口や弁護士に相談するときにも、

●「上司いじめ」の対応について、相談にのってほしいのか
●会社の対応が不満で、どう手を打てばいいのか教えてほしいのか
●会社が「上司いじめ」を見過ごしていることを、改善するよう指導してほしいのか
●労働審判（145ページ）申し立てのための、弁護士を紹介してほしいのか

など、目的をまず意識すると次の行動計画を立てやすくなります。

ちなみに、万一、部下から労基署や弁護士への相談をちらつかせて金品等を要求されたら、その部下の行為は恐喝罪（刑法第249条）に当たる可能性があります。めったにないとは思いますが、心にとめておいてください。

事例③

自分のほうがすぐれていると主張し、指示を聞かない

弁が立ち次々と数字（成績）をあげる部下から、「仕事遅いですよね〜」「そんなことも知らないんですか？」「どうして数字が作れないのですか？」「それで管理職がつとまるなんて（お給料もらっているのに）いいですね」などと、かなりの失礼な発言をぶつけられながらも、「自信家だなぁ」と苦笑いでやり過ごしていたA課長。

あるとき、その部下が取引先とトラブルを起こし、一緒に謝罪に向かうことになりました。

しかし、その道中「自分に非はない。相手の理解力が足りないせいだ」と終始反省の様子が見られなかったので、「そういう上から目線を改めない限り、これからも同じことを繰り返すぞ」と諭したところ、「お言葉ですが、僕は誰よりも数字で会社に貢献しています。僕に説教するなら、まず僕の成績を超えてからいってくださいよ」

といい返してきました。取引先に対して謝罪は何とかしたものの、その後も何かにつけて反抗的な態度や発言を繰り返しています。

何と言って愉すのが、正解だったのでしょうか。

◆

まず、もし、あなたが本当になんらかの能力や成績で、部下より劣っていたとしても（失礼！）、それがあなたの職権に影響を与えるものではありません。

なぜなら、あなたには会社から業務を遂行するための、指示を出す権限「業務命令権」（76ページ）を与えられていて、それには一時の実績や個人の能力とはまったく関係がないからです。

ですから、このような態度を示す部下がいたら、「会社が方針を決め、それに基づく指導・指示をしていくのは私の役割であって、個人の能力とは関係ありません」と堂々と反論してください。

その上で、失礼な発言については、管理職としてよくよくたしなめるべきでしょう。

これは、明らかに「業務上必要な」注意・指導に当たります。

スポーツの世界には「名選手、名監督にあらず」という言葉がありますが、逆もまたしかり。現役時代は目立った成績を残していなくても、すぐれた指導者となる例はいくらでもあります。

ただ、余計なことかもしれませんが、「上司いじめ」などを抜きにしても、「ある程度の成績」は出しておいたほうが、いろいろ物事が進みやすくなるとは思います。

「自分のことは棚に上げて、成績も出さないのに管理職のお給料もらって、偉そうに指示するばかり……。まず、自分のことを管理しろよ！」というのは、部下の心情としてはよくあるものだからです。

事例④

感情的な理由で指示した仕事をしない

営業アシスタントの新人Bさんは非常に優秀で、快活なキャラクターもあり部内のムードメーカー的な存在です。営業課長のCさんも頼りにしていましたが、突然、指示した仕事を終えずに退社したり、Cさんのデスクの電話だけ一切取らないなどの行動を取るようになりました。

気分を損ねることでもしたのかと思い聞いてみると、「以前、私のことを『アシスタントなのに、でしゃばり過ぎだ』とおっしゃっていたので、お邪魔にならないようにしているだけです」といわれてしまいました。

以前、「Bさんが優秀過ぎて、オレやることなくなっちゃうなぁ」とほめたつもりでした発言が、イヤミに取られてしまったようです。

Bさんと仲の良い社員からも、無視されたり仕事を頼むと忙しいからと断られたり、指示に従わないなどの態度をとられるようになってしまいました。

自分のことは嫌いでも、仕事はちゃんとしてほしいのですが……。

◆

たとえ双方のいき違いが発端だったにせよ、意図的に業務の遂行を遅らせる、上司から指示された仕事をしない、頻繁に離席する、スマホでずっと何かをしているなどの行為を繰り返す場合は、労働契約の原点に立ち返り、問題点を具体的に示して、まずは口頭で改善をうながしましょう。

労働者には労働契約に基づく**労務提供義務・誠実労働義務、職務専念義務**（80ページ）があり、会社は賃金を支払う対価として、従業員に対して指揮監督・命令ができる業務命令権（76ページ）を有しています。

労務提供を前提に賃金を得ているにもかかわらず、労務の提供を拒否する人を雇うメリットは会社にはありません。

合理的な理由なく、業務指示命令に従わないのは**服務規律違反**（40ページ）で、雇用関係を解消されても仕方のない行為です。

　実際、トイレ休憩と称し1日に5分程度×数回のスマホゲームを1年間続けた地方公務員が、職務専念義務違反を理由に戒告処分を受けたという例もあります。

　また、集団で示し合わせて指示を無視することは、パワハラの要件である「人間関係からの切り離し」（46ページ）にもあたるため、あわせてまずは改善をうながしましょう。

事例⑤

部下が過大な要求をしてくる

ある介護施設の管理者に任命され、単身赴任することになったDさん。介護・福祉関連の資格は持っていませんでしたが、会社からは「実務は職員に任せて、君は運営に注力してくれればいいから」といわれ現地に赴きました。

ところが、現場は慢性的な人手不足で、職員からは「現場を知らずして何が管理か」と、介助業務を手伝うよう要求されます。サポートくらいならば経験のうち、と手伝いはじめたものの、次第に高度な介助も一人でさせられるようになり、本来の運営管理に支障を来しはじめます。

そろそろ管理業務に注力したいと現場のリーダーに申し出ると、今度は逆に一切の報告・連絡・相談を拒否され、指示も無視されるように。

慣れない単身での生活ということもあり、やがて心身に不調を来すようになってしまいました。

◆

このケースは、パワハラ行為者の「優越的な背景」を有する者（【図1－2】／35ページ）のうち、「業務上必要な知識や豊富な経験があり、その人の協力がなければ業務の円滑な遂行を行うことが困難となる」現場での、過大な要求型のパワハラ（43ページ）に該当する可能性があります。

業種や会社の規模によっても異なりますが、小さい事業所や支店などで起こる問題は本社に伝わりづらく、さらに部下が結託している場合は、上司いじめを証明する協力者も得にくいことから、とにかく記録をつけ、証拠を集め、早い段階で会社に相談することが肝要です。

成果を期待されて派遣されているのに、ネガティブな報告をしたら自身の評価が……という考えはひとまず横に置いておいて、追い込まれている状況ならばまずは自分の心身の健康を優先しましょう。

会社側も労働者の心身の健康を守るための、**健康配慮義務**（74ページ）があるので、従業員の相談には応じなければなりません。

なお、会社に相談する際には、141ページを参考にしてください。

また、合理的な理由なく業務指示命令に従わないことについても、事業の円滑な運営を妨げ、**服務規律違反**（40ページ）にあたることを当該職員に示し、速やかに改善をうながしましょう。

事例⑥
上司の配置転換や解雇を会社に求める

管理職として、若手社員が中心の部門に異動になったEさん。これまでに培ってきた経験が、存分に生かせる仕事でもあり張り切っていました。

自らも新しい企画を次々と出し、若手育成のためと折にふれて部下たちにアドバイスをしたり、ランチミーティングを設定するなど、積極的にコミュニケーションを図りますが、どうも反応がいま一つです。

そんなある日、部長から呼び出されて「若い社員たちとうまくいってないのか？」と聞かれました。どうやら部門のリーダー的存在の社員が、「Eさんが偉そうにみんなの仕事にいちいち口を出してきて、やりにくくて仕方がない。Eさんを別の部署に異動させてもらえませんか。Eさんが異動しないなら、自分が辞めるという人もいるんですよ」と訴えてきたというのです。

「ショックです。私はどうしたらいいのでしょうか……」とEさんは言います。

◆

管理職といえども、すでに強固に形作られているコミュニティのなかに、新たに入っていくのは容易ではない、という典型的な例といえるでしょう。

部下がアルバイトやパート職員であっても、集団の力の前では肩書など無力です。

本ケースの対処方法としては、どのような理由で、部下が一緒に働きたくないといっているのかを明らかにし（よかれと思ってやっていることが、迷惑だったり余計なお世話というケースもあります）、大前提として人事権は会社側の権利（77ページ）なので、個人はもとより部署の総意、組合からの要求であったとしても、無条件に応じる義務はないということを説明し、理解してもらわなくてはなりません。

「人事権」はすべての労働者の権利を保護するために、いくつもの厳しい法規制のもとに成り立っています。

当然、誰に対しても「気に入らないから」ということが人事権行使の理由にならないことは明らかです。場合によっては、その要求は「上司いじめ」（パワハラ）ととられかねないことも、しっかり伝えましょう。

そのうえで、自身がパワハラなどをしておらず、周囲が仕事をしない・指示を聞かないなどの指導対象となる問題行為をとっていなければ、時間をかけてでも実力で信を得ていくしかありません。

事例⑦

部下からの悪質な嫌がらせに困っている

上司いじめでは、部下が上司の評価を貶めるようなうわさを広めたり、誹謗・中傷を執拗に繰り返すなどの行為がときに見られます。

◆

「セクハラをしている」「金品を横領している」「不倫をしている」などのうわさをメールやSNS、掲示板等で広める、会社の上層部や取引先に怪文書を送る、多くの人の前で能力や人格を否定するなどの行為は、たとえ**それが事実であったとしても、パワハラ6類型の一つである「脅迫・名誉毀損・侮辱・ひどい暴言……精神的な攻撃」に該当します**（**【図1－4】**／43ページ）。

また、個人の私物の写真を撮って勝手に公表する、趣味嗜好・交際関係などプライバシーに過剰に立ち入る行為も、パワハラ6類型の一つである「個の侵害」に当たります（【図1－4】／43ページ）。

嫌がらせをする人は、自己肯定感の低さから承認欲求が強く、たとえば、自分の学歴、業績をことさら強調したり、高価な持ち物や育ちのよさ・特別な人間関係を自慢する、プライドが高く間違いを指摘されるとキレる、詐病《さびょう》で同情を引く、他人のうわさ話や悪口、ウソが多いなどの行動がよく見られます。

また孤独を恐れているので、「この人に嫌われたら厄介だ」と思わせて、周囲を巻き込んでいきます。

特にあなたが他人から「穏やかな人」「寡黙」「不満をいわない」「優しい」「幸せそう」「頼りになる」「優秀」と言われるのであればなおさら、相手があなたに対しちょっとした妬みや嫉妬の感情が生まれたのをきっかけに、恰好のターゲットになるかもしれません。

タチが悪いのは、「嫌がらせ」は相手にしなかったり一度でも弱い姿を見せると、どんどんエスカレートしていくところです。

上司の立場としては、「人として舐められているようで情けない」「こんなことを会社に明かすのは恥ずかしい」などと躊躇してしまうかもしれません。

ただ、**誹謗中傷には屈することなく、上司いじめ（パワハラ行為）として会社に相談の上、行為者に謝罪をさせるなど、毅然と対応することが最善の解決法**です。

一番やってはいけないのは同じ方法で仕返しをすることです。相手と同じ幼稚な思考に乗って事を起こせば、かえって大事《おおごと》になりかねません。

精神的苦痛を受け職務に支障を来すほどであれば、損害賠償責任（民法第７０９条）に加えて侮辱罪（刑法第２３１条）、名誉毀損罪（刑法第２３０条）を見据えた法的措置も検討できます。

また、個人に対する嫌がらせも内容によっては、会社に対する「威力業務妨害罪（刑法第２３４条）」という犯罪行為にあたることもあります。ニュースなどで「役所に嫌がらせの電話を１日に何十回もかけた」「爆破予告でイベントの開催を妨害した」という類の報道を聞いたことがあると思いますが、それと同様の犯罪です。

大声で威嚇したり脅したり職位を利用して、長時間拘束して業務につかせない、仕事で使う備品や道具を壊される・捨てられる・隠される・デスクの中に生き物の死骸を入れられる、使用不要になるほど荒らすなどで、正常な業務につけない状態にすることも立派な威力業務妨害です。

威力業務妨害罪は、被害者からの告訴がなくても警察などの捜査機関が犯罪を把握すれば、捜査をはじめることができる「非親告罪」で、3年以下の懲役もしくは50万円以下の罰金が科せられる可能性があります。

事例⑧

インターネット上に個人が特定できる悪意のある投稿をされた

とあるチェーン飲食店のクチコミに「△△駅前店は店長が無能で、店員の接客もひどい」「バイトを募集しているけど気をつけて。この店は店長に気に入られないと、全然シフトに入れてもらえないから」「△△駅前店の店長が店の売上を横領しているの、会社の上層部は知っているのかな？」などの書き込みがされていました。

明らかに特定の従業員（店長）を、真偽不明の内容で誹謗中傷している上に、間接的に店の信用を貶めており、書き込みの内容からは職場の内部に投稿者がいる（いた）と推測されます。

このような場合、投稿者に対してどのような対応がとれるでしょうか。

◆

会社と労働契約を交わした労働者には、会社の信用を失わせるような行為を禁ずる「信用保持義務」（82ページ）が課せられます。このため、インターネットを用いて不特定多数の人が閲覧できるサイトやSNSへの投稿は、就業時間外に行ったことであっても内容によっては規制の対象となります。

投稿の内容で重要視されるのは、「なんのためにそれを投稿したのか」です。仮に投稿の内容が事実であったとしても会社や個人を特定できる形で、かつ社会的評価を下げるなど、不利益を与えようという目的が透けてみえる場合は、「名誉毀損」にあたる可能性があります。

名誉毀損は、

①公然性（不特定または多数の者によって認識される状態であること）
②事実摘示性（具体的な事実を摘示していること）

③名誉毀損性（人の社会的評価を低下させるようなうわさを流したりすること）

の三つの要件を満たす場合に成立します。

インターネット上に、

「○○社は社員をバカにしている。ふざけやがって」

と投稿した場合、①は満たしていますが、文章自体はたんなる評価・感想に過ぎず、②③にはあたらないため名誉毀損にはなりません。

「あの会社はパワハラを認めないブラック企業だ」

は、①②を満たしますが、これだけでは③を満たしているか判断できません。

「○○社はパワハラで何人も辞めさせた、△△（固有名詞）みたいな奴ばかりが偉くなっている。入ったら地獄だぞ」

は①②③を満たしており、名誉毀損となる可能性が高いと言えます。

一方、「○○社は違法残業やパワハラが常態化していて、自殺に追い込まれた社員もいるらしい（虚偽）。みんなで不買運動をしよう！」など、ニセの情報で会社の信用を貶め経済的側面で打撃を与えるような投稿は、**信用毀損罪や偽計業務妨害罪**（ともに刑法第233条）に該当する可能性があります。

冒頭の飲食店の例では、「△△駅前店には、気に入らないスタッフを客前でも罵倒するパワハラ店長がいて店の雰囲気も最悪。不愉快になるだけだから、行かないほうがいいよ」となると、名誉毀損と信用毀損罪そして偽計業務妨害罪に該当する可能性が高いということになります。

事例⑨

「上司のパワハラのせいで精神疾患を発症した。責任を取れ」と執拗に迫られた

もともと繊細なところがあり、以前上司のMさんともめたことで、1年ほど前から診療内科に通っているという社員のNさん。Mさんとの件では会社で対応を取り、最近は休むこともなく体調もよいというので、面談の上、少し責任のある仕事を任せてみることにしました。

最初はNさんも精力的に取り組んでいたのですが、しばらくすると行き詰まってきたのか、周囲にヒステリックな発言をすることが増えてきたので、上司のHさんが面談したところ、Nさんは突然激高して会社を飛び出してしまいます。

翌朝、Nさんはいつも通り出社してきたのですが、他の社員の前で、

「Hさんがパワハラをしてくるので、もう会社には来ない!」

と騒ぎ立て、その後も、

「病気なのを知っているのに、大変な仕事を押し付けられて、適応障害になった」

「そもそも、診療内科に通うことになったのは、Hさんのせい！」

と身に覚えのない（以前の理由と異なる）ことまでいわれ、

「この会社を辞めてももう働けない。責任を取れ」

「労災申請して、会社に損害賠償も請求する」

「誠心誠意謝れ！」

などと言い募ります。

それ以外にも「いえば何でも要求が通る」と思っているのか、社内にいるときはもちろん、そのほかでも時間を問わず執拗なメールやメッセージをHさんに送ったり、気に入らないことがあれば騒ぎ立て、在宅勤務中であれば長々と電話をかけてきたり、Hさんの業務にも少なからず影響がでています。

◆

このケースでクリアにすべきポイントは、以下の5つです。

①Nさんが休職の必要な状態であると医師に診断されているか（診断書の提出）
②Hさんによるパワハラがあったといえるか
③精神障害での労災申請ができるか
④新たに発症した精神疾患（適応障害）が業務に基づくものであると証明できるか
⑤会社に損害賠償義務があるか

まず、①については、会社と労働契約を結んでいるのに労務を放棄するのは服務規程違反ですから、Nさんには出社しない（できない）という正当な理由を、診断書をもって会社に示してもらう必要があります。また、本当に休業が必要な場合は、休職制度があれば就業規則に従い利用する権利があります。

②については、口頭での指示や注意だけだったとすれば、これまで学んできたとおりパワハラの要件に当てはまることはなさそうです。

③については、労災は、労働者個人・会社を通してのどちらでも申請できます。事業主には労働災害の防止義務・補償義務・報告義務がありますので、労働者の労災申請を阻止することはできません。ただし、申請したからと言って必ず労災と認められ

るわけでもありません。

精神障害の労災認定では、労基署が「精神障害の労災認定」のマニュアルに基づいて調査を実施しますが、ケガと異なり業務起因性かどうかの判断がつきにくいため、簡単に認定できないのが現状です。

精神疾患の発症には、業務による心理的負荷（責任の重すぎる仕事、仕事上の失敗、職場内ハラスメントなど）以外の要因――家族や金銭面など業務外の心理的負担、基礎疾患やアルコール依存症など個体側の要因――などのさまざまな発生要因があり、業務と関係のない原因を除外していく必要があるからです。

そのため、③をもって労災と認定されるためには、④の適応障害と業務による心理的負担の因果関係を証明する医学的根拠が必要です。
⑤については、④で業務起因性が認められ労災と認定された場合は、会社が損害賠償義務を負う可能性が高くなります。
この事例の場合は、まずはNさんに「①診断書の提出」をしてもらい、あわせて「④業務に基づく精神疾患である」ことを証明してもらうことになるでしょう。

事例⑩

無断欠勤を続ける部下に電話をしたら「パワハラだ！」と言われた

仕事上のミスで損失が発生したため、担当社員のGさんに始末書を書くよう指示したところ、翌日から無断欠勤がはじまりました。

最初のうちは同僚を通じて連絡を取っていましたが、10日経っても出社せず業務にも支障が出はじめたため、上司のIさんが何度か電話とメールで連絡をとろうと試みます。するとその夜、Gさんからメールが届き「精神的に参っているのに、何度も何度も連絡してこられてますます気持ちが辛くなった。これはパワハラだと思います。着信履歴のスクショを添えて部長に報告しました。まだしつこく連絡するなら、パワハラを訴えた上で会社辞めます」と書かれていました。

Iさんの対応は間違っていたのでしょうか？

◆

無断欠勤は会社との契約違反ではありますが、すぐに処分を下すことはできません。なぜならば事故に巻き込まれていたり、病気で倒れていることも考えられるからです。

そのため、会社は欠勤している従業員の所在や健康状態を、電話やメール、通信アプリ、自宅の訪問などあらゆる手を使って把握する義務があります。

同時に、今後も就業を続けられるかどうかを把握するためにも、無断欠勤の理由を確認しなければなりません。

この一連の確認は使用者の健康配慮義務（74ページ）に従ったものなので、パワハラにはあたらず、Ｉさんの対応は間違っていません。ただし、1日に何十回も連絡をしたり、電話口で恫喝したり脅すなどの心理的負担を相手に与えないことが前提です。

感情的な理由だけで無断欠勤をした場合は、労務提供義務（80ページ）の違反により、注意・警告を発出して出勤をうながすことができます。

なお、過去の判例から、無断欠勤は2週間以上続くことが、解雇可能の目安とされていますが、その理由がハラスメントなど職場環境にある場合や、業務を原因として精神疾患を患っている場合は、原則として解雇できません（注1）。

一方で、業務を原因とした精神疾患を主張し、通院等のためとして長期にわたり欠勤を続けるケースもままあります。そのような場合は、労働基準法の「打切補償」を適用し、3年を目安に療養補償を打ち切ることが可能となります（注2）。

注1　**労働基準法 第19条（解雇制限）**：使用者は、労働者が業務上負傷し、又は疾病にかかり療養のために休業する期間及びその後三十日間は解雇してはならない。ただし、使用者が、第81条の規定によって打切補償を支払う場合においては、この限りでない（抜粋）。

注2　**労働基準法 第81条（打切補償）**：（療養補償を受けている労働者の）療養開始後三年を経過しても負傷又は疾病がなおらない場合においては、使用者は、平均賃金の千二百日分の打切補償を行い、その後はこの法律の規定による補償を行わなくてもよい（抜粋）。

事例⑪

いくら教えても仕事ができない部下についつい声を荒らげてしまった

とあるメーカーで働くW君。どの部署にいってもいわゆる「お荷物」となってしまい、今度は販売部に来ることになりました。

このような事由があるにせよ、なるべく早く戦力になってもらいたいという部長の指示を受け、本来係長クラスが指導するところ、指導力に定評のある課長のYさん自らW君の隣の席に座って、マニュアルを見せながら仕事を教えることになりました。

これまでもその方法で、3日程度あれば皆、一連の作業手順を覚え、1週間もすれば一人で受注から発送指示までできていたからです。

ところが、W君はというと2週間経っても毎日何かしら聞いてきます。

「メールにフォルダが添付できないんですが……」「パスワードをかけて納品書を送

ってほしいといわれたのですが、やり方がわかりません」といった基本的な操作はもとより、作業の途中で急ぎの別処理を指示するとパニックになるのかミスを連発。

お客様からもクレームが入るようになり、毎日二重チェックが欠かせない状態でした。「履歴書には基本的なパソコンスキルはあると書いてあったし、バージョンが違って慣れないだけかもしれないな」と最初は丁寧に教えていたYさんでしたが、1か月が経った頃ついにキレて「ここはパソコン教室じゃない！　わからなければまず自分で調べろ！」「覚えられないならメモを取れ！」と声を荒らげてしまいました。

今まで丁寧に教えてくれていたYさんの突然の怒声に驚いたW君は萎縮して、ますますミスが増える悪循環に陥ってしまいます。

周囲の社員も「あれ、パワハラじゃない？」などと囁きはじめ、いつまたYさんの怒りが爆発するかと雰囲気も悪くなってきてしまいました。

Yさんは W君の起こしたトラブル処理にも当たらなければならず、もう限界です。いくら教えてもできない社員。熱心に指導すれば、パワハラといわれる。いったい、どうしたらよいのでしょうか……。

◆

本ケースは「上司いじめ」とは少し違いますが、昨今よく相談される内容のため、事例として取り上げました。

まず、Yさんが声を荒らげたことがパワハラに当たるかどうかですが、ここまで読んできたみなさんはもうおわかりですね。内容を見る限り「脅迫・名誉毀損・侮辱・ひどい暴言」（43ページ）には当たらず、適切な指導として許容できる範囲内です。しかも1回だけならばパワハラに該当する可能性は低いでしょう。

ただ、怒声は威嚇ともとらえられ、よいことは一つもありませんので、「上司いじめ」の鉄則「まずは落ち着け」ということを、今一度お伝えしておきます。

また、W君に与えられた業務は「過大な要求」（43ページ）なのかですが、これは以前にもっと短い期間で同様の職務をできるようになった社員が複数いることを考えると、むしろW君の適応能力が、求めるレベルに追いついていないという解釈になるでしょう。

このように、いくら指導しても求めるレベルに到達しない、理解できないことはやらなくてもよいと考えてしまう、いったことを忘れてしまう、という社員にどう対応したらいいのでしょうか。

以下は一例ですが、対応策を挙げておきます。

①現場指導者のアクション

- 仕事を小分けにしてみる。今日はここまでやる、という達成目標を決めて毎日成果を確認する
- 作業手順のマニュアルを作る。すでにある場合は誰もが理解できる内容かどうか見直して、必要であればイラストや写真などを用いて補足する
- 作業が遅い、ミスが多い場合は、どこに原因があるのか、行動観察をしたり相談を通して見きわめる
- 1日5分程度でもいいので、相談の時間を設ける（能動的にかかわる）

②①のすべてを行っても改善しない場合の会社側のアクション

- できる範囲の業務だけをしてもらう

●他部署に配置転換をする
●十分な指導を行っても、明らかに能力不足で求める業務が遂行できない場合は、退職勧奨を行う（退職勧奨は会社が雇用する労働者に対し、任意で退職するよう求める手続きで、双方の合意が必要。普通解雇に該当する場合でも、円満に解決を図るためにあえて退職勧奨を行うケースも多い）
●就業規則に就業能力不足を理由に普通解雇できる旨の記載があれば、手順を踏むことで労働契約を解除（解雇）することができる。

このケースでは最悪の場合、Ｙさんは会社からのプレッシャーと周囲の評価で、精神的に追い詰められることも考えられます。

また、課長のＹさんが指導で苦心しているならば、上長の部長（会社）が速やかに介入すべきと考えます。Ｙさんは現状を会社に報告し、今後の方針について話し合ったほうがいいでしょう（なお、上長・会社が介入してくれない場合の対処法については１４３ページに記載しています）。

事例⑫

妊娠した部下に休暇や配置転換を打診したら「マタハラだ！」と言われた

新しいプロジェクトに、熱心に取り組んでいた女性社員に妊娠が判明。

彼女はメンバーに迷惑をかけたくないと、長時間残業することもしばしばありましたが、ひどいつわりが続き、病院で「妊娠悪阻」と診断されてしまいます。

その報告を受け、さすがにこれまでどおり仕事をするのは厳しいだろうと、今の仕事は別の人に代わってもらい体調が落ち着くまで休んで、復帰後も定時で退社できそうな部署に代わってはどうかと打診したところ、「今まで必死でがんばってきたのに、妊娠したらお払い箱ですか？　ひどいです。そんなのマタハラじゃないですか！」と泣かれてしまいました。

どう説明したらよかったのでしょう？

◆

本ケースは、「上司いじめ」というわけではありませんが、ハラスメントと誤解されたときに丁寧に説明を尽くすことで解決可能な例として紹介します。

会社の提案は、労働者の健康を守るための休業の提案であることと、同時にその人が抜けたポジションには速やかに人員を補充する必要があることから、業務上必要な判断と考えられます。

労働契約上の人事権は使用者（会社側）にあるのは、77ページで説明したとおりです。

あなたが、労働契約法上の使用者（使用する労働者に対して賃金を支払う者）でなかったとしても、リーダーは業務を円滑にするために、適正な人員配置をしなければなりません。

ただし、会社の了解も本人の同意もなく、休業や在宅勤務を強要したり、労働環境が著しく変わるような配置転換は人事権の濫用にあたりますので、すべきではありません。

業務上必要と考えられる場合や打診だけでは、マタハラに当たらないことは、厚生労働省からも示されています。参考にしてください（【図3－1】）。

なお、妊娠悪阻や切迫流産などの診断を受けた場合は、産前休業とは別に傷病休暇が取得でき、その間、傷病手当金を受け取ることが可能です（利用する社会保険組合により条件や待遇は異なる）。


この事例では、当該女性社員に対して、まずは体調について心配していること、今後も期待していることなどを心を込めて伝えた上で、業務上でも必要かつ法律でも認められている判断であると、説明するといいでしょう。

最初から「マタハラではない！　人事権は使用者側にある！　マタハラの要件にも当てはまってない！」などと言ってしまうと、たとえそれがどんなに正しくとも、誰でも受け入れるのは難しいものです。

相手に聞く耳を持ってもらったのち、本人の希望も聞きつつ、休暇や配置転換の打診をしてみてください。

**【図3-1】 マタハラには当たらない
業務上の必要性に基づく言動の具体例**

○「制度等の利用」に関する言動の例

・業務体制を見直すため、上司が育児休業をいつからいつまで取得するのか確認する
・業務状況を考えて「次の妊婦健診はこの日を避けてほしいが調整できるか」と確認する

※制度等の利用を希望する労働者に対する変更の依頼や相談は、強要しない場合に限られます。

○「状態」に関する言動の例

・長時間労働をしている妊婦に対し上司が「妊娠中は負担が大きいだろうから、業務分担の見直しを行い、あなたの残業量を減らそうと思うがどうか」と配慮する
・上司・同僚が「妊娠中は負担が大きいだろうから、もう少し楽な業務に変わってはどうか」と配慮する
・「体調が悪そうだが、少し休んだほうがよいのではないか」と配慮する

※妊娠中の社員本人には、これまでどおり勤務を続けたいという意欲がある場合であっても、客観的にみて妊婦の体調が悪い場合は業務上の必要性に基づく言動と判断されます。

「上司いじめ」には〝客観的な証拠〟が必要

ここからは、「上司いじめ」（ハラスメント）を受けてしまった場合、どのように対応すればいいかについて述べていきます。

上司いじめを受けた場合、まずは会社に報告する必要があります。

会社に報告すると、会社側は事実確認を行います（【図4－2】／159ページ「相談、苦情への会社の対応（例）」）。

問題とされる言動が本当にあったのかどうか、また、その行為に至った経緯についても聞き取りなどを含めて調査し、ハラスメントに該当するかどうかを判定します。

このときに重視されるのが、客観的な証拠です（【図3－2】）。

【図3-2】 ハラスメントの証拠として有効なもの

・ハラスメントを受けた内容が確認できる
音声データ・動画（防犯カメラの映像等）

・電話の場合は音声データまたはそのときにとったメモ

・メール、LINE、チャット、SNSのDM等での
やりとりの履歴

・ハラスメントが原因で通院した場合は、診断書・カルテ

残念ながら「日記」は証拠としては、あまり有効とはいえません。

「腹が立った」「理解されず悲しい」「疲れてしまった」「どうしたらよいかわからない」など、そのときの想いを綴ることは心の整理にもなりますし、どれだけ傷ついたのかをのちに振り返ることができるので、記しておくこと自体は決してムダではありません。

ただ、感じ方には個人差があるため、客観的な記録としては採用されにくいのです。

とはいえ、書き方によっては証拠として、有効にできることもあります。その条件は、客観的かつ長期的（日時の記載が必須）であり、あとから改ざんできない手書きであることなどです。

【図3-3】 ハラスメントの証拠は5W1Hで残す

・行為が行われた日付、場所（WHEN：いつ／WHERE：どこで）

・誰から、何をされたか（WHO：誰から／WHAT：何を）

・なぜされたのか。推測の場合は考えられる原因（WHY：なぜ）

・行われたハラスメントの内容（HOW：どのように）

・行為者の言動を見聞きした人の名前（同席者など）

また、メールやＬＩＮＥ上でのやりとりも時系列が明確で改ざんができませんので、可能な限り残しておくとよいでしょう。

ハラスメントが原因で通院した場合は、病院の診断書が必要です。

立証に必要なのは、次の三つです。

①加害行為の事実
②損害の発生
③加害行為と損害の因果関係

病院の診断書は、②の損害の発生の直接証拠になります。

また、カルテも加害行為と損害の因果関係

が記載されていることもあり、証拠として採用できます。

パワハラの事実を記録するときは5W1H――いつ、どこで、誰から、何を、なぜ、どのようにされたか、を押さえるのが基本です（【図3－3】）。

失敗しない「上司いじめ」対応の手順

「上司いじめ」に対しては、会社への報告ののち、基本的に【図3－4】の流れで問題解決を図っていきます（行為によっては、必ずこの段階を踏むものではありません）。

【図3－4】を見ていただければわかるように、「上司いじめ」は一人で抱え込む問題ではなく、会社も積極的に介入して問題解決を図っていくことになります。

ただ、勇気を出して、部下からのパワハラを受けていることを上長に相談したとき、

「それは君の管理者としての腕の見せ所じゃないか。僕の評価にも影響が出ちゃうし、相談窓口に行くのはやめてくれないかな」

「うまくコミュニケーションを取って、君のほうでどうにかしてくれよ」

【図3-4】　上司いじめへの対応の手順

① 問題行為に対する1対1の口頭注意・指導
口頭で伝えた後にメールやチャットなど、
日時と内容が確認できるもので念押しをするとより良い
（※記録として残しておく意味もある）

⬇

② 口頭注意で改善が見られない場合は、
注意指導書（161ページ）や警告書を作成し交付

⬇

③ ①②で改善しないあるいは繰り返す場合は、
会社として配置転換や懲戒処分を下す

「被害妄想っていうことはないの？　もう少し様子をみては？」

などと言われたら、会社は助けてくれないんだな……とショックを受けてしまいますよね。

しかしながら、すべてのハラスメント対応において、会社には窓口が設置されているのが理想ですが、パワハラ防止措置が全企業に義務付けられたのは、２０２２年４月からとまだ日が浅く、相談体制が整備されていなかったり、人数的にも窓口が設置できない中小企業も多いと思われます。

上長者で埒があかなければ人事部や

役員、信頼できる社会保険労務士（弁護士でも）がいれば、個別に相談するのもいいでしょう。

それでも対応してくれない場合は、就業規則※に職場内ハラスメントに関する規定が記載されているかどうかを確認した上で、一人で抱えずに外部窓口（付録1 外部の相談窓口一覧／177ページ）に相談してみましょう。

※就業規則の作成・届出義務：常時10人以上の従業員（社員・パート・アルバイトを含む雇用契約を交わした者）を使用する事業者は就業規則を作成し労働基準行政官庁に届け出る義務がありますが、逆に従業員が10人未満の会社や事業所などでは就業規則の作成義務がありません。ただ、就業規則を作成しないと労働トラブルにつながるリスクがあることから、作成が推奨されています。

会社の対応に納得がいかないときには

上長が相談に耳を貸してくれない、会社の対応に納得がいかない……。
そんな場合は、以下の項目について検討してみてください。

＊労働局の総合労働相談コーナー（180ページ）に相談する
相談の目的を明確にした上で、自社の就業規則やハラスメントの具体的な内容（179ページに記載の項目）、証拠などを資料としてそろえて相談に行きましょう。

＊転職を検討する
被害を受けている人からすると冷たく感じるかもしれませんが、ハラスメント問題に会社が対処する理由は、**会社秩序を維持し、まじめに仕事をしている大多数の労働者を守るため**であり、被害者を助けるのは司法（裁判所）の役割です。

会社の対応が不十分と感じ、処遇に耐えられない場合は、そこが限界ととらえて転職も視野に入れたほうがいいかもしれません。

＊弁護士に依頼する

会社が対応してくれず行為者からの嫌がらせも止まないときは、早い段階で弁護士に依頼する決断も必要です。客観的な視点から状況を整理し、適切な解決手段を提案してくれるはずです。

なにより、交渉のプロが自分の代わりに会社と交渉してくれることで、あなたの精神的な負担がぐっと軽減されるはずです。

具体的には、弁護士を通して以下のような手段で解決をはかることが考えられます。

①内容証明郵便の送付

会社に対し、ハラスメントの事実を弁護士名で指摘し、行為を中止するよう要求したり、損害賠償請求をしたりします。

内容証明郵便は、いつ、どのような内容の文書を誰から誰あてに差し出されたかを郵便局が証明する制度で、文書で通達することで会社に対して問題解決への対応をうながす効果があります。このとき事実を誇張したり、会社を非難するニュアンスがあるとそのまま形に残ってしまい、会社との関係性が悪化することもあるので、弁護士に依頼するほうが安心です。

②労働審判・訴訟

労働審判は、使用者（会社）と労働者間のトラブル解決に特化した紛争解決制度です。通常の裁判よりも低額（請求額に応じた申し立て手数料）・短期間（最大3回の審理、90日前後）・非公開で審理が行われます。

パワハラにより精神的苦痛を受けた場合は、損害賠償を求めることができます。また、加害者個人だけでなく、使用者の職場環境配慮義務（74ページ）や不法行為責任（刑法第709条）を問うことが多いと思われます（会社が対応してくれず精神的に追い詰められて退職を余儀なくされたなどの不満）。

最大3回という限られた回数で、主張を明快に相手に伝えなければならないため、労使双方が代理人として弁護士などを選任することが一般的です。弁護士費用は別途必要です。

暴行があった場合は刑事告訴も視野に入れて訴訟を検討します。

ただ、訴訟にはお金も時間も体力もかかりますし、敗訴するリスクもあります。

目的を明確にし、弁護士とよく相談した上で慎重に検討すべきです。

費用は依頼する弁護士事務所と内容によってさまざまです。

＊　＊　＊

具体的な事例や対処の仕方、対応の手順など、「上司いじめ」の問題解決を図る糸口は見えてきたでしょうか。

今まで説明してきたように、法律に当てはめて考えたうえで、客観的な証拠を残し、会社にも積極的に介入してもらって、しっかりとした対応をとることが大切です。

また、もし会社が動いてくれない場合でも、外部の機関や専門家を頼り、けっして一人で抱え込んだりしないようにしてください。

コラム③

増殖する○○ハラスメント

ハラスメントの語源は英語の「harass」。相手を困らせる、苦しめる、悩ます、悩ませることで疲れさせる、イライラさせるなどの意味を持つ動詞です。harassmentはその名詞形で「嫌がらせをすること」と訳されます。

昨今の風潮では、他人からの不快な行為をされたと感じたら、そのあとにハラスメントというワードをつければ単語として成立してしまうので、○○ハラは今後も無限に増えていくと思われます。

パワハラ、セクハラなどメジャーなもの以外にも、アカデミックハラスメント（アカハラ）、就活終われハラスメント（オワハラ）、カラオケハラスメント（カラハラ）、スメルハラスメント（スメハラ）、血液型によって性格を決めつけ相手を不快にさせるブラッドハラスメント（ブラハラ）、麺類を啜る音に対して嫌悪感を主張するヌードルハラスメント（ヌーハラ）、さらに最近ではメッセージアプリ上で文章の最後に「。」をつけると、若者に威圧感を与えるという「マルハラ」などなど……。

次々と新しいハラスメントが生まれているのはご存じのとおりです。

4章

「上司いじめ」の報告があった際、会社側がすべきこと、できること

会社として「上司いじめ」にどう対応するか？

「上司いじめ」は、個人のみならず会社や社会全体で解決すべき問題です。

当然、会社側としても対処法を知らなくてはなりません。

企業法務専門の弁護士として、「上司いじめ」の被害を受けている方の上長を含む会社の方にも、上司いじめ（ハラスメント）の問題について、**法的に正しい方法で**どう介入できるのか、どう備えておけばいいのかについて、本章では書いていきます。

ハラスメントが起こりやすい職場とは？

そもそも論として、「上司いじめ」などのハラスメントが起きやすい職場には、ある一定の傾向があります。

ここでは、主にパワハラにしぼってお伝えしていきましょう。

職場でのパワハラの発生要因は、

①労働者の問題によるもの
②職場環境の問題によるもの

に分けられます。

①労働者の問題によるもの

パワハラの行為者によく見られる特性には、次のような傾向があります。

●感情のコントロールができない
●コミュニケーションが下手
●精神論偏重（できないのは根性が足りないせい！　など）や完璧主義
●世代間ギャップなど、多様性への理解不足
●社会的ルールやマナーを欠いた言動をする

多くは個人の性格的なものに起因しますが、なかには発達障害者が加害者や被害者になるケースもあることから（168ページ）、会社側にはその見きわめも求められます。発達障害者のなかには、業務遂行能力には問題ないか逆に非常に優秀なのに、対人関係だけが苦手な例もあるからです。

一方で、**どのような特性を持っていたとしても、パワハラの行為者が加害してよい理由にはならず、相応な処分を受けるべきことは明白**です。

②職場環境の問題によるもの

パワハラに関する相談の多い職場には、次のような傾向があります。

- 上司と部下をはじめとして、職員同士のコミュニケーションが希薄
- 正社員や正社員以外など、さまざまな立場の従業員が一緒に働いている
- 残業が多い・休みが取りにくい
- 業績偏重の評価制度になっている
- 失敗が許されない・失敗への許容度が低い
- 不適切な作業環境

など。

これらの環境を改善することは、パワハラの防止だけでなく従業員がより働きやすい職場を作ることにもつながります。

▼職場環境を悪化させる「上司いじめ」

職場のパワハラなどのハラスメントは、被害者個人の尊厳や人格を傷つけるだけでなく、職場環境も悪化させます。

問題を放置すれば、メンタルヘルスの不調、休職や退職、最悪の場合は人命にかかわることさえあります。ひいては職場全体の生産性や意欲の低下、企業イメージの悪化、人材流出による業績の悪化も招きかねません。また、訴訟ともなれば損害賠償責任を追及されることも考えられ、経営的にも大きな損失を招く可能性もあります。

このような事態に陥らないためには、ハラスメントを発生させないことが何よりも重要ですが、もしハラスメントが発生してしまったときでも、早期に対応することで被害者や周囲への心身への影響を最小限に抑えることができます。

職場でのハラスメントの予防・解決の取り組みが進めば、従業員が会社に相談する

【図4-1】 職場での望ましい取り組み

① 各種ハラスメントの一元的な相談体制の整備

職場におけるパワハラ、セクハラおよび妊娠·出産·育児休業等に関するハラスメントは、それぞれまたはその他のハラスメントと複合的に生じることも想定されることから、あらゆるハラスメントの相談について、一元的に応じることのできる体制を整備すること

② 職場におけるハラスメントの原因や背景となる要因を解消するための取り組み

職場におけるパワーハラスメントの原因や背景となる要因を解消するため、コミュニケーションの活性化や円滑化のために、研修等の必要な取り組みを行うことや、適正な業務目標の設定等の、職場環境の改善のための取り組みを行うこと

③ 労働者や労働組合等の参画

雇用管理上の措置を講じる際に、必要に応じて、労働者や労働組合等の参画を得つつ、アンケート調査や意見交換等を実施する等により、その運用状況の的確な把握や必要な見直しの検討等に努めること（労働者や労働組合等の参画を得る方法として、たとえば、労働安全衛生法に基づく衛生委員会の活用等も考えられる）

ハードルが下がります。相談窓口の設置には、会社がハラスメントの実態を把握しやすくなるという利点もあり、会社の信頼を揺るがすような問題に発展することを、未然に防ぐことも可能になります。

〔参考文献：厚生労働省「職場のパワーハラスメント防止対策についての検討会」報告書（平成30年3月）〕

このようなことから、パワハラ防止法ではパワハラを防止するために企業が講ずるべき措置が義務付けられました（【図2－1】／63ページ）。また、職場におけるハラスメントの防止のために、望ましい取り組みについても示されています（【図4－1】／155ページ）。

取り組み例や対応例を含む詳細については、先述した厚生労働省の冊子や「あかるい職場応援団」（31ページ）に詳しく書かれていますので、ぜひ参照してください。

従業員からハラスメントの相談があったら

ハラスメントの当事者はあくまでも労働者同士ですが、会社は第三者として労働者間のトラブルを予防し、トラブルが起こってしまったら、ほかの職員の労働環境を守るためにも、速やかに対応する責務があります。

159ページの【図4－2】は、厚生労働省による相談・苦情があったときのフローチャートです。

パワハラ防止法では、労働者からハラスメントに関する相談の申し出があった場合、速やかに事実確認を行い、さらなる被害を防ぐために、次の措置を講じることが会社に求められています。

① 事実関係を迅速かつ正確に確認する

相談窓口の担当者、人事部門または専門の委員会等が、相談者と行為者からヒアリングをします。その際、相談者の心身の状況や当該言動が行われた際の受け止め方など、その認識にも適切に配慮することが大切です。

相談者と行為者の間で主張に不一致があり、事実の確認が十分にできない場合には、第三者からのヒアリングも行います。

② 事実確認ができたら、速やかに被害者に対する配慮を

事案の内容や状況に応じ、被害者と行為者の間の関係改善に向けての援助、配置転換などによる被害者と行為者の引き離し、行為者から相談者への謝罪、被害者の労働条件の回復、被害者のメンタルヘルス不調への対応を行います。

メンタルヘルスについては、産業医や外部の精神科医師への協力も考慮しましょう。

③ 再発防止に向けた措置を講じること

ハラスメントの事実が確認できてもできなくても、改めて職場においてハラスメン

【図4-2】 相談、苦情への会社の対応（例）

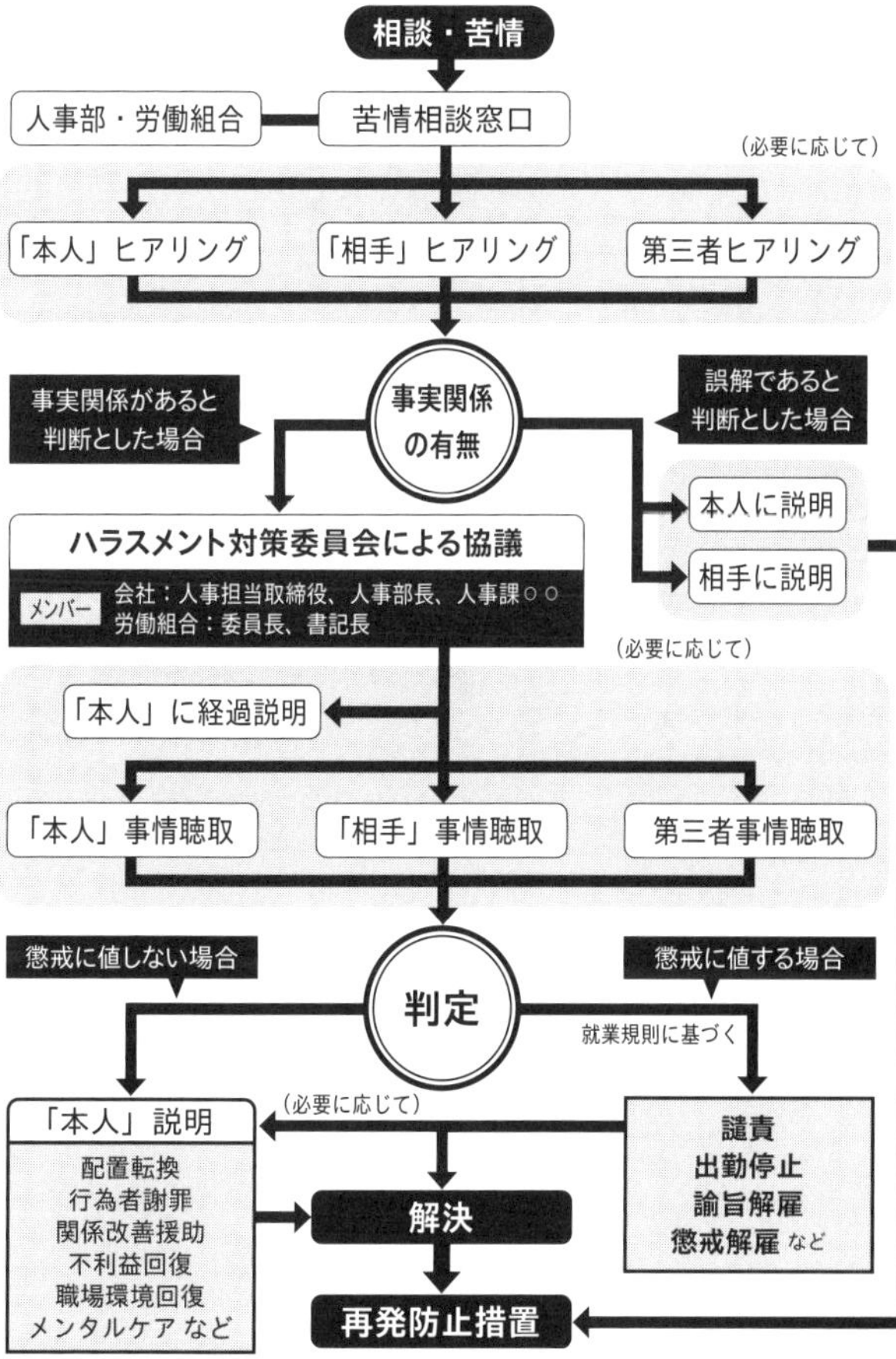
相談・苦情
人事部・労働組合
苦情相談窓口
（必要に応じて）
「本人」ヒアリング
「相手」ヒアリング
第三者ヒアリング
事実関係の有無
事実関係があると判断とした場合
誤解であると判断とした場合
本人に説明
相手に説明
ハラスメント対策委員会による協議
メンバー
会社：人事担当取締役、人事部長、人事課○○
労働組合：委員長、書記長
（必要に応じて）
「本人」に経過説明
「本人」事情聴取
「相手」事情聴取
第三者事情聴取
懲戒に値しない場合
懲戒に値する場合
判定
就業規則に基づく
「本人」説明
配置転換
行為者謝罪
関係改善援助
不利益回復
職場環境回復
メンタルケア など
（必要に応じて）
譴責
出勤停止
諭旨解雇
懲戒解雇 など
解決
再発防止措置

ト禁止の方針や、ハラスメント行為者に対する厳正な処分の方針を周知し、パワハラに対する意識を啓発するための、研修等を行うことが求められます。

その際には、上司いじめに関する内容を盛り込み、リーダー職に対するマネジメント力向上を目的とした研修（コーチングなど）も、併せて行うとよいでしょう。

④ その他、併せて講ずべき措置

相談者・行為者等のプライバシーを保護し、相談をしたことや事実確認等に協力したこと、都道府県労働局への相談、調停の申請を行ったこと等を理由に、解雇その他の不利益な取り扱いをされないことを定めて、労働者に周知・啓発します。

なお、セクハラやマタハラ等そのほかのハラスメントについても、パワハラ防止指針に準じた対策・措置が求められます。

「上司いじめ」に対する会社の介入～解決への道のり

▼口頭での注意指導で改善しない相手には書面交付を——業務改善指導

口頭で注意して、それで改まるような人ならば、そもそもハラスメントまがいの言動はしてこないかもしれません。口頭での注意指導を聞かない部下に対しては、書面での業務改善指導を行うのがいくつかの意味で効果的です。

一度注意しても改まらないのは、そもそも注意自体を何とも思っていない可能性があります。口頭の場合は、忘れたのかわざととぼけているのか「そんな注意は受けていません」と、いわれる可能性もあります。

もし、本当に忘れているならば、書面で指導内容を渡し、理解できたかどうかを確

【図4―3】 業務改善指導書で網羅すべき内容

①ルール違反の種類と事実を明記する

何が問題かを明確に記載する。

※「態度が悪い」などの感覚的なものではなく、会社のどのルールに違反しているのかを5W1Hで記載するのがポイント。

ただし、そのルールは就業規則等で、全従業員に共有されているものであることが大前提。

②①の違反によってどのような損害が生じたかを明記する

ルールに違反した結果、会社に実害が生じたあるいは生じかねない状態で、かつ具体的にどういう支障が出ているのかを明記する。

③改善を求める内容であること

問題となっている行動を繰り返さないよう警告し、その行動に至った原因を特定し、原因となった事実そのものを改めるよう記載する。

④受領欄を設ける

書面を交付したのに「受け取っていない」と言われることを避けるため、本人に署名をさせる欄を設ける。

もしその署名も拒否するようならば、署名を拒否した状況も報告書にして、社内文書として残す。

⑤1回の書面で改まらない場合や、別のルール違反があった場合は改めて注意を行う

発行者は人事権を持つ人物にする。

認することで、「指導を受けていない」という言い逃れが通用しなくなります。

もう一つは、会社に対して上司がきちんと指導している事実を、証明できるということです。上長者は部下に対して指揮命令し、業務を遂行する権利があります。これだけ指導しました、指導しても改善できなかったので、改善策をこのように提案しました、という記録や履歴を必ず残すことが大切です。

ハラスメントがあったと証明するときも、懲戒処分の根拠にするときも、「客観的に合理的な理由」と「社会通念上相当」であることが求められます。

したがって、書面には162ページの【図4-3】の内容が網羅されている必要があります。

▼ハラスメント認定後の対応①——配置転換

ハラスメントが社内で認定され、行為者また相談者の配置転換を行う際は、安全配慮義務（労働契約法第5条）の一つ、**職場環境配慮義務**（74ページ）を履行して行為者の異動を検討することになります。その場合は行為者の配置転換が、異動先へ悪影響を及ぼさないよう配慮する必要もあります。会社の規模により配置転換が難しい場合には、加害者と被害者の業務上の接触をなくし、物理的に席を離すなどの措置をとります。

なお、労働契約上、一定の職種に限定して配置することを、使用者と労働者が合意している場合（職種限定の合意）、基本的には労働者の同意がない限り、他職種への配転を命ずることはできません（労働契約法第8条参照）。

▼ハラスメント認定後の対応②――懲戒処分

懲戒処分とは、会社が業務命令や服務規程に違反した従業員に対して行う制裁罰のことで、その**目的は企業秩序の維持**です。懲戒処分の種類や内容は会社によって異なり、民間企業と公務員、士業（弁護士、税理士、行政書士、社会保険労務士など）でも異なります。労働基準法では、処分の種類と対象となる問題行為を、あらかじめ就業規則に記載することが義務付けられており、それに従って処分を決定します。

懲戒処分は、軽い順から次のような処分があります。

戒告《かいこく》・譴責《けんせき》：
戒告は口頭や「戒告書」を交付して行う、従業員に対する厳重注意のこと。譴責は厳重注意では済まない場合に「始末書」を提出させ、将来を戒めるために行う処分。
いずれも人事考課上不利益となり、昇給・賞与の支給に影響を与える。

減給
始末書を提出させて、賃金から一定額を差し引く処分。減給できる金額は、労働基準法で定められている。

出勤停止
一定期間（通常は7日～10日程度）従業員の就労を禁止する。この期間の給与は一般的に支給されないことが多い。

諭旨解雇《ゆしかいこ》

本来は懲戒解雇相当の事由があるが、本人の反省が認められるなど情状の余地がある場合に、会社の裁量で、懲戒解雇よりも処分を若干軽減した解雇（法律上の制度ではなく、会社ごとにその扱いは異なる）。

懲戒解雇《ちょうかいかいこ》

労働者が会社に多大なダメージを与えるなどの、重大な会社秩序違反行為があったときに適用される、労働者にとって最も重い処分。退職金の全部または一部不支給を伴うことが多い。

なお、「懲戒免職」は公務員を失職させる懲戒処分のこと。

配置換えや懲戒処分を下しても、相変わらず職場で暴言を吐いたり、威圧的・暴力的な言動で物事を解決しようとするタイプの人は、指導による是正は難しいかもしれません。

何度か警告しても繰り返す場合は、やはり会社を辞めてもらうべきでしょう。

このとき検討される解雇のうち、諭旨解雇と懲戒解雇は収入の手段が断たれる上に再就職にも影響を与えるなど労働者にとっての不利益が極めて大きく、厳格な審査を経なければ適用できません。

したがって、実務上ハラスメントを理由に解雇する場合は、普通解雇にとどめることになることが多く、普通解雇が解雇権濫用で無効とされる可能性を避けるため、退職勧奨を行い自主退職という扱いにとどめることも珍しくありません。

なお、解雇（退職勧奨も含む）は、雇用保険制度上の事業主都合の離職となるため、一定期間、雇用関係助成金が不支給となる可能性があることについても、理解しておく必要があります。

▼発達障害者への対応の仕方

発達障害者について、皆さんの職場ではどのくらい理解されているでしょうか。ハラスメント案件に発達障害者がかかわることは決して少なくありません。

発達障害にはＡＳＤ（自閉スペクトラム症・アスペルガー症候群）、ＡＤＨＤ（注

【図4-4】 パワハラ行為の悪質性と懲戒処分、問われる可能性のある刑事・民事責任

<table>
<tr><th>レベル</th><th>具体例</th><th>処分・責任</th></tr>
<tr><td rowspan="3">①
犯罪行為レベル（刑法）</td><td rowspan="3">「殴る」「ものを投げつける」などの暴行・傷害、「死ね」「殺すぞ」といった脅迫、侮辱、名誉毀損など</td><td>懲戒処分（諭旨解雇、懲戒解雇）</td></tr>
<tr><td>刑事責任（暴行罪、傷害罪、脅迫罪等）</td></tr>
<tr><td>民事上の損害賠償責任（加害者、会社（使用者責任））</td></tr>
<tr><td rowspan="2">②
不法行為レベル（民法）</td><td rowspan="2">上司からの嫌がらせ目的等による強い叱責に起因して精神障害を発症するなど</td><td>懲戒処分対象（出勤停止、降格、諭旨解雇、普通解雇）</td></tr>
<tr><td>民事上の損害賠償責任（加害者、会社（使用者責任））</td></tr>
<tr><td rowspan="3">③
職場環境レベル</td><td rowspan="2">1 「故意に無視する」「悪口をいう」「イヤミをいう」「からかう」など、職務遂行を阻害する行為全般</td><td>懲戒処分対象（戒告・譴責、減給、出勤停止、降格）</td></tr>
<tr><td>現場レベルでの注意・指導対象</td></tr>
<tr><td>2 適正な範囲の指導</td><td>処分なし</td></tr>
</table>

〔労働問題.com「パワハラ行為に対していかなる懲戒処分ができるか？」〕

意欠陥・多動症）、ＬＤ（学習障害）があり、複数の障害を同時に持っている方もいます。

それぞれ、社会でのコミュニケーションや人とのかかわりに困難さを感じる（ＡＳＤ）、多動、衝動的な行動、他人を遮って行動する（ＡＤＨＤ）、聞く・話す・読む・書く・計算や推論をする能力のいずれかが困難（ＬＤ）といった特徴があります。

障害者採用枠で採用された場合は、もともと会社側に障害への理解があるので配慮やサポートを受けやすいのですが、給与等で条件のよい一般採用での雇用も多く、なかには障害を公表していない人も一定数いると考えられます。

発達障害は、先天的な脳機能の偏りによる障害ですが、そのあらわれ方はさまざまで、就職してはじめて障害を疑い病院を受診するケースもあります。

行為者または被害者が発達障害者であることを把握している場合は、会社が双方の間に立ち、当事者や従業員全体に障害についての理解をうながした上で、和解を求める努力も必要です。

併せて発達障害者にとって働きやすい環境を整備したり、従業員に発達障害に関する特性理解をうながすなど、予防対策も講じていきたいところです。

もし、本人に障害の自覚がなく、人間関係のトラブルの多さから発達障害が疑われる場合には、ハローワークの「精神・発達障害者雇用サポーター」や、地域障害者職業センターなどの支援機関に相談し、対応についてアドバイスを受けることをおすすめします。

内部通報制度――ホットラインも活用する

内部通報制度とは、社内の問題や不正行為を発見した従業員（社員、派遣社員）が上司を通さずに社内の窓口へ報告できる制度のことで、「公益通報制度」とも呼ばれています。

２０２２年6月に公益通報者保護法が改正され、社員数３０１人以上の会社にこの内部通報制度を整備する義務が課せられました。対象となる問題は、パワハラやセクハラ、不正会計や情報漏洩など多岐にわたり、一般的には「ホットライン」という名称で、人事部や総務部、監査部などが管理者となり、窓口が設置されていると思います。

公正な運用のためには、会社の経営陣から独立した窓口であるのが理想的で、その場合は会社と利害関係のない法律事務所や窓口代行業者に、委託することになります。

もちろん匿名での通報が可能であり、郵送のほか、電話やメール、Webフォームなどでは通報専用回線を設けるなどして、通報のハードルを低くすることも大切です。

この制度では、通報者の秘密保持を徹底し、通報者に対して「解雇命令を出す」「自宅待機命令を出す」「降格または減給を実施」「退職を強要する」「退職金を没収する」などの不利益な取り扱いをすることは禁じられており、内部通報によって損害を受けた会社側が、通報者に対して損害賠償訴訟を行うことも禁止しています。

＊　＊　＊

パワハラ防止法には、パワハラを起こした当人や、それを見逃した会社への罰則はありません。

ただ、指針で定められた措置を怠り、厚生労働大臣が必要と認めた会社には、指導や勧告が行われます。それでも改善がみられない場合は会社名が公表されます。これは労働基準関連法令違反にかかわる公表事案と同様の対応で、いわゆるブラックリスト入りを意味します。

当然社会的信用が落ちることになりますので、対策の放置は禁物といえるでしょう。

おわりに

本書では、**上司いじめにあったときの鉄則「まずは、落ち着いて冷静に対処する」**ために役立つ、法的な知識やコミュニケーション上のテクニックなどを紹介してきました。

とはいえ、「なぜ、自分ばかりがこんな努力や我慢を強いられるのだ、理不尽ではないか！」という思いを抱くこともあるでしょう。

そんなときにふとよぎる「やられたらやりかえす」という、あのセリフ……。「あぁ、『倍返し』で相手に目にもの見せてやりたい」、という気持ちは痛いほどわかるのですが、それをやってしまうと逆に不利な立場に追い込まれかねないのは、先にも述べたとおりです。

この本の目的は「相手を殴る武器」ではなく、「自分を守る（方法としての）武器」

を提供すること。

まずは、ご自身の上司や会社に相談をし、それでも解決しない場合はわれわれのような法律家に頼っていただいて、ご自身の心身を守っていただければ幸いです。

特に「上司いじめ」では、上司・先輩という立場上、職場はおろか家族や信頼する人にも相談できず「自分でなんとかしなければ」と、思ってしまう方が多いように思います。

しかし、早期にしかるべき人や機関に相談することや、家族や信頼する人に話を聞いてもらうことが、実は解決へのいちばんの近道でもあるのです。

唐突ですが、パソコンでも、ストレージの容量がいっぱいになると、フリーズしたり新しいファイルが保存できないなどの不具合が起こりますよね。

同じように、人も余裕がなくなるほどに処理能力が低下し、近視眼的になり、最悪、思考停止に陥ります。ですから、本当に余裕がなくなってしまう前に、しかるべき人や機関の力を借りて、自分の心の空き容量を確保することが大切です。

また、家族や信頼できる人に状況を明かすことで気持ちが軽くなったり、思いもよらないアドバイスが得られることもあります。

会社に相談するのは労働者としての当然の権利ですし、それで解決しなければ我々のような専門家に相談することを検討してください。

労務や法律の専門家ならば、その知見をもとに課題を洗い出し、整理し、解決に向けての制度や方法を教えてくれる、心強い味方になってくれるはずです。

何度でもいいますが、人や組織に頼るのは、けっしてあなたが「弱い」からではありません。

自分の心身を守る手段を本書で知っていただき、「上司いじめ」に悩む方の一助になればと心より願っています。

ノースブルー総合法律事務所
代表弁護士　國安耕太

付録 1

外部の相談窓口一覧

会社の対応に不安がある場合には

会社の相談窓口に相談したけれども取り合ってもらえなかった、会社に窓口があるはずなのに休眠状態……などの場合は、外部の相談窓口に相談するのも一つの方法です。

国が設置している機関は基本的に相談料無料（電話で相談する場合は通話料金が別途発生します）ですので、何から手をつけたらいいかさっぱりわからない、とか、できるところまでは自分でやってみよう、という場合は利用してみるとよいでしょう。

ただし、どの機関も**個々の問題を解決してくれるわけではない**ことは、覚えておいてください。

あくまで問題解決に取り組むための第一歩として、相談したことに対してアドバイスを受けたり、次の相談先を紹介してもらったり、会社との仲介をしてもらう機関ですので、過度に成果を期待せず、目的に合わせた利用をおすすめします。

また、スムーズな相談のために、以下の点をあらかじめまとめておきましょう。

- ハラスメントだと感じたことが起こった日時
- どこで起こったのか
- どのようなことを言われたのか、強要されたのか
- 誰に言われたのか、強要されたのか
- そのとき、誰が見ていたか

各都道府県の総合労働相談コーナー（労働局）

受　付：居住時の総合労働相談コーナー

※「居住地の都道府県名×労働相談」で検索

役　割：労働問題全般についての相談窓口、個別労働紛争のあっせん

できること：①助言・指導

②個別労働紛争のあっせん（対話の仲介と調整）

総合労働相談コーナーは、各都道府県労働局や全国の労基署内に、「労働委員会」や「労使相談センター」などの名称で設置されている無料の相談窓口です。

ハラスメントのほか配置転換、解雇、雇い止め、賃金の引き下げなどの労働条件、募集・採用など、労働問題に関するあらゆる分野について、専門の相談員が労働者と会社双方から面談あるいは電話などで相談を受け付けています。

都道府県労働局では、個別労働紛争についての助言・指導や紛争調整委員会によるあっせんも行います。

あっせんとは、会社と労働者の話し合いの仲介をすることです。

あっせん員が「あっせん案」を提示し、互いの譲歩をうながしたり折り合うポイントを示して問題解決につなげます（主に金銭的解決です）。

一方で、相談したからといって都道府県労働局が相手に何かを命じられるものではなく、そもそもあっせんの申請をどちらかが拒否したり、労使間で条件に合意が成されなければ問題解決には至りません。

また、労基署は、98ページでもお伝えしたとおり、残念ながらパワハラに対する指導権限がありません。

労基署の仕事は労働基準関係法令（労働基準法、最低賃金法、労働安全衛生法、じん肺法、家内労働法、賃金いの支払いの確保等に関する法律など）を守らない会社の取り締まりです。したがって「会社から相談者に対して○○しなさい」というような指示や、損害賠償請求等の民事的な問題への対応はできないのです。

男女雇用機会均等法や育児・介護休業法についても指導権限がないので、セクハラ、マタハラについても対応できません。

ハラスメントで悩んでいたら、まずは都道府県の総合労働相談コーナーに連絡しましょう。ただし、ハラスメントが原因の労災申請は、労働局とともに労基署も相談窓口となります。

【図】あっせんの流れ

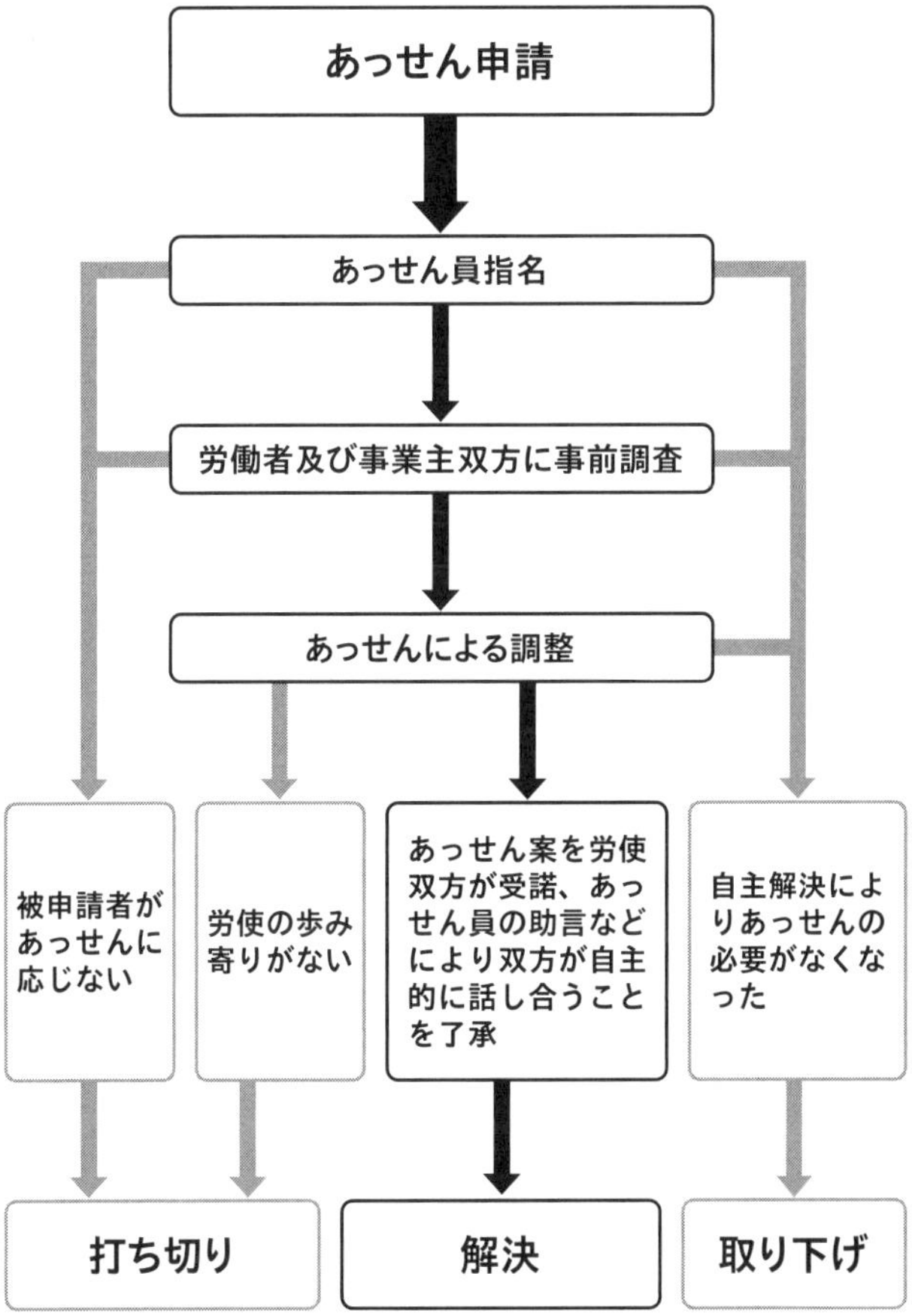
あっせん申請
あっせん員指名
労働者及び事業主双方に事前調査
あっせんによる調整
被申請者があっせんに応じない
労使の歩み寄りがない
あっせん案を労使双方が受諾、あっせん員の助言などにより双方が自主的に話し合うことを了承
自主解決によりあっせんの必要がなくなった
打ち切り
解決
取り下げ

法テラス（日本司法支援センター）

受　　付：法テラス・コールセンター（電話　0570-078374）

役　　割：法的トラブルにあった、
　　　　　またはあっているかもしれないときの相談先紹介

できること：①解決に役立つ法制度の紹介
　　　　　　②相談窓口の紹介

国が設立した、法的トラブル解決の総合案内所です（わからない場合も相談可）。トラブルの内容に合わせ、解決に役立つ法制度や地方公共団体、弁護士会、司法書士会、消費者団体などの、関係機関の相談窓口を無料で案内しています。ただし、弁護士に相談した場合は費用が別途発生することがあります。

みんなの人権一一〇番　全国共通人権相談ダイヤル

受　　付：みんなの人権一一〇番
（電話　0570-003-110）
法務省インターネット人権相談受付窓口

役　　割：ハラスメントや差別、
虐待など人権問題に関する相談窓口

できること：①専門家による解決のためのアドバイス
②必要に応じた詳細な調査や救済措置の実施

付録1

外部の相談窓口一覧

職場でのハラスメント・いじめ・差別、家庭での虐待やモラハラなどの人権問題、インターネット上の誹謗中傷など、さまざまな人権問題についての相談を受け付けています。電話をした場所の最寄りの法務局・地方法務局につながり、相談は法務局職員又は人権擁護委員が受け、秘密は守られます。

また、法務局及びその支局窓口では、面接による相談のほか、インターネットでも相談を受け付けています。

こころの耳（働く人のメンタルヘルス・ポータルサイト）

受　付：こころの耳　Ｗｅｂサイト（厚生労働省）
役　割：差別や虐待、ハラスメントなど人権問題に関する相談窓口
できること：①メンタルヘルスに関する知識や情報提供
②電話やメール、ＳＮＳでの悩み相談（本人と家族）
③医療機関の検索

「こころの耳」は、働く方やその家族、職場のメンタルヘルス対策に取り組む事業者の方などに向けて、メンタルヘルスケアに関するさまざまな情報や相談窓口を提供している、働く人のメンタルヘルス・ポータルサイトです。

利用される方に合わせ、「働く方」「ご家族の方」「事業者の方」「部下を持つ方」

「支援する方」の五つの入り口があります。

内容は随時更新されていますが、メンタルヘルスの知識、メンタルケアに役立つ動画、支援ツール、体験談、事例検索、精神科・心療内科検索機能など、多角的なアプローチで、訪れた人がそれぞれのニーズに合った情報を得られるように、工夫されています。

また、働く方と家族の方向けには、メンタルヘルスに関する相談窓口（電話・ＳＮＳ・メールで受付）や医療機関を紹介しています。

労働者災害補償（労災補償）について

いじめ、パワハラが原因で精神障害を発症し労災認定された場合は、会社から療養・休業・障害給付を受けられる可能性があります。

厚生労働省では、労働者に発病した精神障害が業務上災害として、労災認定できるかを判断するために「心理的負荷による精神障害の認定基準」を定めていますが、パワハラ防止法の施行に当たって心理的負荷評価表に、「パワーハラスメントを受けた」という項目が明記され、心理的負荷の強度を判断する具体例にも「会社に相談しても適切な対応がなく、改善されなかった場合」という文言が加わりました。

精神障害に労災が認定されるのは、原則として以下の三つの要件をすべて満たす場合です。

要件１：発症前おおむね６か月以内に業務による強いストレスを受けたこと
要件２：うつ病やストレス反応など労災認定の対象となる精神疾患を発病したこと
要件３：業務外のストレスや個体側要因により発病したとはいえないこと

精神疾患と診断されなくても、不眠や無気力などのメンタル不調や身体症状（疲労感や胃腸の不調、長引く頭痛など）を感じたら、早めに産業医や外部窓口に相談したり、心療内科などを受診することが肝要です。

労災請求を考えた場合は、最寄りの都道府県労働局または労働基準監督署に相談してみてください。

※厚生労働省「精神障害の労災補償について」

その他（公務員、教員の方などの相談先）

国家公務員（行政執行法人職員を除く※）、地方公務員（地方公営企業職員、特定地方独立行政法人職員、技能労務職員を除く※）の方の相談については、総合労働相談コーナー及び都道府県労働委員会では扱っていません。

以下の相談窓口をご利用ください。

●一般職の国家公務員の方：人事院の相談窓口又は所属府省の人事担当部局等。
●地方公務員の方：地方公共団体ごとに人事委員会（公平委員会）又は人事担当部局等に設置されている相談窓口（各都道府県・市区町村の人事担当課等）。
●公立学校の教員の方：ご自身の服務監督権限を有する都道府県又は市町村の教育委員会の相談窓口。

※　行政執行法人職員、地方公営企業職員、特定地方独立行政法人職員、技能労務職員の方については、総合労働相談コーナー及び都道府県労働委員会では、勤務条件（職場のいじめ・嫌がらせ、給与、勤務時間、休暇、勤務環境等に関する相談）に関する相談を扱っています。任用、分限、懲戒、服務（守秘義務等）、賠償等に関する相談は扱っていません。

付録 2

上司いじめが
ハラスメントと認められた
裁判例

裁判例1

部下による誹謗中傷からうつ病を発症・自死した男性に業務起因性が認められた例

東京地裁 平成21年5月20日判決（平19（行ウ）727号）
出典：裁判所ウェブサイト、判タ1316号165頁・判時2059号146頁・労判990号119頁・労経速2045号3頁

パワハラ被害者の自殺は、残念ながら珍しいことではありません。特に責任感が強くまじめで優しい人ほど周囲に迷惑がかからないようにと考えるあまり、追い詰められることが多いといわれます。

本例は、部下からのいわれのない誹謗中傷を受けるなどして、うつ病を発症し自殺した管理職男性の遺族（原告）が、労災（遺族補償）不給付処分の取り消しを求めて管轄労基署長（被告は国）に対する裁判を申し立てたという事例です。

付録2
上司いじめがハラスメントと認められた裁判例

概要

総合フードサービス事業を営む会社（以下、会社）の給食事業料理長兼店員食堂（以下、食堂）の店長として、長年にわたり店舗管理や技術指導等に携わっていたAさんは、親分肌で世話好き、社交的な性格で仕事ができると職場でも頼りにされる存在でした。

しかしあるとき、食堂の人員整理をめぐり待遇が変更されたことに不満を持ったパート従業員B（Aさんの推薦により雇用された者）が、Aさんを含む社員に対する誹謗中傷ビラを親会社の労働組合に持ち込むという事件が起こります。

その内容は「Aさんが食堂の食券を再利用して売上げを着服している」「Aさんが管理する食堂の金庫から金を盗んだ」「部下の女性従業員にセクハラをして退職に追い込んだ」「Aさんらが関連店舗の倉庫から窃取されたビールを飲んだ」というものでした。

この件でAさんは社内の懲罰委員会から事情聴取を受けるも潔白を主張。社内調査でも不正行為は認められませんでした。しかし、食堂の規律に強い懸念を示す親会社の信頼回復を図りたい会社側はAさんの店長職を解いた上、自身に責があるという趣旨の始末書を事業部長宛てに提出するよう命じます。

翌年のBの契約更新時、Bは会社の上層部に対し前記と同様のビラを送り、問題を蒸し返します。Aさんは Bというトラブルメーカーを推薦した責任を感じており、この頃すでにうつ病を発症していたと推定されています。このときもAさんは会社から2時間にわたる事情聴取を受け、翌月、配置転換が言い渡されました。

30年間、給食事業一筋で管理する立場から一転、指示を受けて一調理員として現場での作業に当たるよう命じられたAさんは、研修先に挨拶を済ませた翌日に行方不明となり、その日、山中で発見されました。

Aさんの死亡後、遺族が労災保険上の遺族補償給付の支給を申請しましたが、業務との因果関係は認められないとして不支給処分が下されます。遺族はこの不支給処分の取り消しを求めて裁判を申し立て、再度検証が行われた結果、労働基準監督署の不支給処分が違法として取り消されました。

うつ病および死亡が業務起因性であることの証明

本裁判の争点は「精神障害の発症および死亡が業務に起因するものと認められるか否か（業務により受けた心理的負荷の強度、業務とうつ病発症および自殺との因果関係）」でした。

労働基準監督署（被告）の主張は、業務と精神疾患の間に相当因果関係が認められるためには①当該業務が危険であること、②精神疾患が業務に内在する危険の実現化として発症したと認められることが必要であること、さらにその業務の危険性は「平均的な労働者、すなわち日常業務を支障なく遂行できる労働者を基準とすること」を前提としている。Aさんの例においては、会社の対応・配置転換にも懲罰的な意味はなく、Bによる嫌がらせの事実を踏まえても平均的な労働者に強度の心理的負荷を与えるとは考え難い。仮にAさんがBの言動で強度の心理的負荷を受けたとすれば、それはまさにAさんの脆弱性を表すものであるとして、遺族補償の給付の対象とはならない、ということでした。

これに対し裁判所では、厚生労働省の指針「心理的負荷による精神障害等に係る業務上外の判断指針」（平成11年9月14日付 基発第５４４号※）を踏まえ、「会社で起きた事件について責任を問われた（事情聴取や始末書の提出）」、「部下とのトラブル（Bによる誹謗中傷）」、「顧客とのトラブル（親会社との関係悪化）」など、複数の事柄による心理的負荷が重なり、総合評価は「特に過重」の「強」であると判定されました。加えて会社がAさんを支援しないばかりか左遷ともとれる配置転換を行ったことによる仕事の質の変化、Bによる家族に対する加害への畏怖も心理的負荷を増強させたとしています。

さらにAさんには業務以外の要因や個体側要因（「労働基準法における使用者の災害補償責任とは？／70ページ」参照）もなかったことから、**Aさんのうつ病の発症および自殺は、業務のなかで、同種の平均的労働者にとって一般的に精神障害を発症させる危険性を有する心理的負荷を受けたことに起因して生じたもの**、とするのが相当と判断されました。

Aさんは同僚や家族から「几帳面で周りに気を遣う」「あまり強く意思表示はしない」「優しくまじめ」と評されていました。

几帳面でまじめな性格を表すかのように、Aさんの手帳には事情聴取の際の詳細なやりとりや始末書の下書き、うつ病と思われる症状、自身の進退や家族への想いなど揺れ動く心情が日付、ときには時刻入りで詳細に記されていました。

このメモが裁判で証拠として有効であったことは間違いありませんが、本来であれば最悪の結末を迎える前に、会社側から支援の手が差しのべられるべき事例であったと思います。

※：現在は「心理的負荷による精神障害の認定基準」（平成23年策定、同改訂令和5年9月1日付け基発0901第2号）に基づき判定されています。

裁判例2

上司や同僚への度重なるハラスメントで諭旨解雇処分を受けた例

大阪地裁 平成8年7月31日判決（平7（ワ）5294号）
出典：労判708号81頁・労経速1617号10頁

部下から上司に対するパワハラを扱った裁判例は、まだそう多くはありませんが、いわゆる「問題社員」による「上司いじめ」が含まれていることがあります。
本例は上司・同僚に対する、度重なるハラスメントで諭旨解雇処分を受けた原告が、解雇は無効として勤めていた会社（被告）を訴えた事例です。

概要

通信会社地方支店のお客様サービス部で営業を担当していたK（原告）は約3年に

わたり上司・同僚に対して、大声を出しほかの社員を威嚇する行為、暴言、暴行、強要、金銭の要求を伴う脅迫、無言電話による嫌がらせ、土下座の要求、個人情報を記したビラを会社内外に貼付するなどのハラスメント行為を繰り返し行っていました。その行為が明らかに就業規則に反していることから、会社はKに懲戒処分を下し、諭旨解雇を言い渡します。これに対してKは、処分は解雇権の濫用に当たるため無効であり、いまだ雇用契約が続いているものとして会社（被告）を訴えました。

裁判の結果、原告の請求はすべて退けられました。原告の行為の内容および態様ならびにその回数が尋常ではないと判断され、諭旨解雇の妥当性が認められたものです。

実際のパワハラ行為と解雇に至る根拠

解雇にまで至ったこのケース。どのような行為があったのか見てみましょう。

● 原告Kが所用で関連施設に赴いた際、職員の案内の仕方が悪いとして大声で怒鳴りつけ、その職員の上司Wが止めに入ったところ「この喧嘩はお前が買うのやな」とWを威嚇、その後Wの自宅に何度も無言電話をする嫌がらせをし「あんたのしたことは家族全員に責任がある。妻、子供、両親を連れてきて俺の前で土下座して謝れ」と言い、他の解決方法を尋ねたWに対し「10万円ぐらいだが、半分に負けておいてやる」と恐喝行為に及んだ。

●飲み会の席で副支店長の「よい仕事をしようと思えば、まず家庭を持つ人生が必要だ」という趣旨の発言に腹を立て、その日の夜中に副支店長宅に電話をし、電話口に出た妻を乱暴な言葉遣いで畏怖させた。その後何度も無言電話をかけ、さらに会社の電話からかけっぱなしにするなどして副支店長宅の電話を使用できない状態にさせた。

●営業所長がKの行動や営業の仕方等について指導した際に「お前」と呼ばれたことに激怒し「全面戦争だ。徹底的にやる。俺は戦争だといったら徹底的にやるからな」と言い、支店長と所長の妻に電話をして営業所長の女性従業員に接する態度がセクハラであると言いつけるなどした。

●部下Yが自分の言うことを聞かないのは上司M課長の入れ知恵のせいだと決めつけ、勤務時間中に職場を離脱した上「□社△営業所のM（実名）は社員のY（実名）をワナにはめて退職に追い込もうとしている」とM課長を誹謗中傷するビラを作成し、同僚に協力を強要して営業所内、営業所・支店近くの電柱等に掲示してM課長の名誉を毀損、会社の信用を害し、職場秩序を混乱させた。

●会社側がビラを撤去すると、営業所所長室に押しかけ「ビラを剥がしたのはお前らやろ。それなら更にビラを増やす」などと怒鳴り散らした。さらに午前の勤務時間中にM課長の自宅の電話番号と「自宅に抗議の電話をかけてください」と付記したビラを会社のコピー機で作成。M課長とともにビラを撤去したT営業所長に対しても表現の自由を侵害したとして「□社△営業所長のTは憲法違反をした。自宅に抗議の電話をかけてください」とT所長の自宅の電話番号を付記したビラも作成し、営業所・支店・T所長の自宅周辺に掲示した。

●同僚に対しても言いがかりや無言電話、迷惑料を払えとの恐喝、部下に対しては転職希望調書や誓約書と称する文書を書かせてミーティングで読み上げることを強要する、「字も読めないのか。脳の移植をしてもらえ」等の暴言、殴る、蹴るなどの暴行を加える行為も認められた。

裁判ではこれらの行為それぞれが、被告会社の就業規則の懲戒規定にある「社員として品位を傷付け、または信用を失うような非行」「故意に業務の正常な運営を妨げる行為」「会社施設内において、風紀秩序を乱すような言動」「上長の命令に服さない」「職務上の規律を乱し、または乱そうとする行為」「みだりに執務場所を離れ、勤務時間を変更」「強要して、その就業を妨げた」「会社施設内において、許可なく貼紙、掲示」に抵触することが確認されました。同時に「再三注意されてなお改悛の情がない」ことを根拠として懲戒処分（諭旨解雇）に至った会社判断の正当性が認められました。

また、原告の行為の内容・態様・回数からして本来ならば懲戒のなかでも最も重い懲戒解雇になってもおかしくないところ、会社側は諭旨解雇に止め、退職金の8割を支給したことから考えても、この解雇が過酷であるとはいえず、処分の公平・適正の観点からみても違法無効とは言い難く、「解雇権の濫用」には当たらないとして原告の請求を棄却しました。

◆

30年近く前とはいえ、こんな人、本当にいるの？　というくらい衝撃的な人物です。

とはいえ、昔も今も、突然問題社員が入社してくるリスクは常にあります。最初は「元気な人だな」「よく気が利くな」「仕事が早いな」と好印象だったのに、急に豹変することもあるのです。

パワハラが起きやすい職場は、忙しくて労働時間が長い、管理職の責任の比重が重いなどの特徴があるといわれますが、昨今は一見ホワイトな職場に目を付けて一定期間仕事もバリバリして、周囲の信頼を得てから豹変し、裁判で争わずに解決金をむしり取って辞める……ということを繰り返すケースもあります。ですから、小さな会社であっても、就業規則やハラスメント対策などの人事労務関連の基本は随時見直して、備えておくことが大切です。

著者紹介

國安耕太（くにやす・こうた）

ノースブルー総合法律事務所　代表弁護士

早稲田大学法学部卒業。中央大学法科大学院修了。

1980年東京生まれ。

小学校4年生のときに法曹界を目指し、親の仕事の都合で小学校6年生から中学校２年生まで、ギリシャ・アテネで過ごす。

司法試験のほか、国家公務員採用Ⅰ種試験（現：国家公務員採用総合職試験）にも合格し、弁護士ファームへ勤務ののち、ノースブルー総合法律事務所を開設。

業務内容は企業法務（労務管理・リスク管理など）、知的財産法務（著作権、商標権など）、事業承継・相続法務、倒産法務、不動産法務など。

大手企業から中小企業まで、多くの顧問先を持つ。

弁理士、司法書士、税理士、社会保険労務士などの専門家とも緊密に連携することで、幅広い法律問題に対し、ワンストップで専門的かつクオリティの高いサービスを提供し続けている。

中央大学法学部兼任講師や財務省税関研修所委託研修講師（知的財産法）などもつとめている。

著書に『おひとりさまの終活「死後事務委任」』（あさ出版）がある。

◎ノースブルー総合法律事務所
https://north-blue-law.com/

上司《じょうし》いじめ
企業法務弁護士《きぎょうほうむべんごし》が教《おし》える上司《じょうし》のためのハラスメント対応法《たいおうほう》　〈検印省略〉

2024年　7　月　23　日　第　1　刷発行

著　者――國安　耕太（くにやす・こうた）
発行者――田賀井　弘毅
発行所――株式会社あさ出版
〒171-0022　東京都豊島区南池袋 2-9-9 第一池袋ホワイトビル 6F
電　話　03 (3983) 3225 (販売)
03 (3983) 3227 (編集)
F A X　03 (3983) 3226
U R L　http://www.asa21.com/
E-mail　info@asa21.com
印刷・製本　萩原印刷 (株)

note　http://note.com/asapublishing/
facebook　http://www.facebook.com/asapublishing
X　http://twitter.com/asapublishing

ISBN978-4-86667-679-1 C2034